水与旅游经典译丛

旅 游 和 水

[瑞典] 史蒂芬·戈斯林(Stefan Gössling)

[新西兰] 迈克尔·霍尔(C. Michael Hall)

[加拿大] 丹尼尔·斯科特(Daniel Scott) 著

李鹏 何琳思 译

南开大学出版社

天 津

图书在版编目（CIP）数据

旅游和水 / (瑞典) 史蒂芬·戈斯林
(Stefan Gossling), (新西兰) 迈克尔·霍尔
(C. Michael Hall), (加) 丹尼尔·斯科特
(Daniel Scott) 著；李鹏，何琳思译. — 天津：南开
大学出版社, 2020.5
 （水与旅游经典译丛）
 书名原文：Tourism and Water
 ISBN 978-7-310-05911-9

Ⅰ.①旅… Ⅱ.①史… ②迈… ③丹… ④李… Ⅲ.
①旅游业－水资源管理－研究 Ⅳ.①F59②TV213.4

中国版本图书馆 CIP 数据核字 (2019) 第 255658 号

天津市出版局著作权合同登记号：图字 02-2019-338 号

版权所有　侵权必究

旅游和水
LÜYOU HE SHUI

———————————————————————

南开大学出版社出版发行
出版人：陈　敬

地址：天津市南开区卫津路 94 号　　邮政编码：300071
营销部电话：(022)23508339　营销部传真：(022)23508542
http://www.nkup.com.cn

———————————————————————

天津市蓟县宏图印务有限公司　全国各地新华书店经销
2020 年 5 月第 1 版　 2020 年 5 月第 1 次印刷
240×170 毫米　16 开本　8.5 印张　162 千字
定价：36.00 元

———————————————————————

如遇图书印装质量问题，请与本社营销部联系调换，电话：(022)23507125

译者序

水是人类生存的命脉,旅游是人类发展的需求。随着全球社会经济迅速发展和水资源战略安全日益突显,水和旅游的耦合问题得到了越来越多的关注。目前,相关研究主要集中在两个方面:一是从资源消耗的角度,关注旅游发展中的水问题,也就是旅游与水(Tourism and Water)的问题,如旅游造成的水资源消耗扩大化以及水资源的全球迁移,还有旅游中的水资源消耗引起的社会公平问题等;二是从吸引物和游憩机会的角度,关注水体提供旅游体验和游憩机会,也就是水与旅游的问题(Water and Tourism),不同数量、质量、类型的水体可以为人们提供不同的游憩方式(如利用河流开展漂流)和旅游产品(如利用湖泊度假等)。同时,这些旅游产品和游憩活动也可能给所在地甚至全球带来环境、社会、经济影响。

自2009年之后,我们开始涉足水和旅游的研究领域,十年来陆续承担了一些研究项目,发表了一些论文,取得了一些成果,也曾多次出国考察学习。这个过程中,逐步感觉到国外关于水和旅游的研究起步较早,成功的经验和失败的教训较多,值得我们好好借鉴,于是萌发了翻译一系列水和旅游著作的想法,并在全球范围寻找到了十多本水和旅游方面的著作。在水和旅游相关的两个国家自然科学基金(环境正义视角下的滇中湖泊群旅游开发空间排斥机理与调控途径研究:41361107;西南生态脆弱区河流保护地空间确定研究——以四川省为例:4171111)的资助之下,最后与南开大学出版社张燕编辑共同确定其中的五本经典著作作为第一批出版物,本书只是其中的一本。来自三个国家五所大学的多位译者共同承担了这一艰苦而又具有挑战性的工作。本书先后经历三年,其间几易其稿,全体译者、相关专家、编辑都付出了辛苦的努力。具体分工是:中文序言,南京大学张瑜;第1章,云南大学李鹏、李天英;第2章,美国亚利桑那州立大学何琳思(Linsi He),云南大学李天英;第3章,云南大学邹映;第4章,四川大学蒋雪玲;第5章,加拿大多伦多大学李毓晴(Yuqing Li)。李鹏负责选题确定、组织协调,何琳思负责全书的统稿校稿等工作。云南大学李天英、罗芳等和南京大学张瑜也参与了全书的文字修饰和文字校核等工作,对于他们付出的劳动和努力也表示感谢。

在丛书的选题、组织和本书的翻译、出版过程中,得到了美国林务局国际合作部杰姆·朱(Jeam Chu)先生、农业部落基山研究院(Rocky Mountain Research Station)高级研究员艾伦·瓦森(Alan Watson)博士、北亚利桑那大学(Northern Arizona University)助理教授丹尼尔·佩里(Denielle Perry)博士等国外学者的支持,又得到了中国水利部南水北调设计局关业祥教授,水利部景区办詹卫华处长、董青处长,水利部发展研究中心戴向前处长,中国水利学会李贵宝教授,云南大学杨桂华教授、赵敏副教授,华侨大学李洪波教授,南京大学章锦河教授,北京林业大学张玉钧教授等的支持和帮助。在南京大学张瑜博士的协调之下,原作者瑞典德隆大学(Lund University)史蒂芬·戈斯林(Stefan Gössling)等三位教授还特地为本书撰写了中译本序言,在此一并深表谢意。南开大学出版社编辑白三平为本书奉献了许多辛劳、耐心和智慧,向她致敬。

　　水和旅游的问题都是十分复杂的全球性问题,与水相关的问题具有基础性和战略性的特点,与旅游相关的问题则具有移动性和消费性的特点,两者结合之后的问题更具有挑战性和不确定性的特点。本译丛仅是认识水和旅游关系的一个窗口,更深、更多、更细的问题有待大家的共同努力。由于译者水平有限,书中难免有不妥之处,敬请读者批评指正。

　　对于本译丛的几个体例问题说明如下:

　　1. 为了便于读者查找原文和深入学习,本译丛对于书中涉及的部分人名、案例、案例名称未做翻译,对于无法准确翻译为中文的地名也保留为英文;

　　2. 对于非使用国际标准的计量单位,如英亩、英尺、夸脱、加仑等,本书尊重原书的用法,未做换算。

译者

2019 年 5 月 10 日

前　　言

　　打开任何一本旅游营销手册或一个网站，我们会发现，对于度假产品和旅游形象来说，水是一个重要元素。很显然，海洋、湖泊、河流形成了秀丽的景观；游泳池、水疗中心和喷泉提升了豪华酒店的环境质量。

　　尽管水资源是各种旅游活动的基础资源，譬如海滩活动、游泳、泛舟、钓鱼、潜水和浮潜，或者在水主题公园"乘凉"等活动，但是隐含在一个度假产品中的水，其多样化功能往往不明显，这是因为该种旅游资源的形成依赖于充足的水资源和相应的其他成本。水池需要淡水填充，花园和高尔夫球场需要淡水进行灌溉，洗衣服也需要淡水。此外，一系列满足清洁卫生需求的行为也需要水资源（淋浴、厕所冲水、洗手、保持度假村和目的地清洁的用水）。在过去30年中，关于这些可见用水的研究日益详细。然而，一些旅游用水中最重要的部分对很多消费者来说也许是"隐藏"的。例如，最近研究表明，旅游业潜在的绝大部分用水是燃料和食品生产。基于以上认知，我们需要对旅游用水采取新的管理方法。

　　不断扩大的全球性旅游业依赖大量可用的自然资源，包括食物、水资源、能源及土地，提供这些资源越来越具有挑战性，且成本在不断增加，在某些欠发达地区还影响当地居民的生计。在过去50年里，全球用水量增加了两倍，估计已经有20亿人生活在水资源紧张地区。人口增长和气候变化可能会加剧这种情况，进而对许多发展中国家的发展产生不利影响，导致水资源使用主体之间竞争激烈，旅游业只是其中之一。因此，随着跨国公司在长期基础设施和生产投资中越来越多地评估水资源可用性及其成本，水安全已经成为战略业务性词汇并被纳入公共规划。

　　正是基于不断的变化发展，本书旨在当前提供关于旅游和水之间相互关系的知识体系指南。本书的重点是水资源管理，包括保护和有效利用，以及保护淡水的技术。本书为旅游部门提高关于水资源的认知及理解提供了帮助，同时有利于进一步加强水资源管理，希望这本书有助于更合理并可持续地利用人类文明核心的关键资源——水资源。

　　在这里，我们要衷心感谢大力支持本书研究工作的人们。他们是托马斯库克旅游有限公司负责可持续发展管理的斯旺吉·雷纳（Swantje Lehners），以及森迪多（SENTIDO）度假酒店的梅丽塔·卡斯-斯特雷奇（Melitta Karth-Strache），使我们可以在2013年到2014年在希腊罗德岛进行研究。此外，我们非常感谢安-克丽斯汀·安德森（Ann-Christin Andersson）帮助设计表格，乔迪·考泊（Jody Cowper）在核查参考文献方面的大力协助以及在调查方面所提供的支持。

　　关于希腊罗德岛的研究是本书中分享的许多见解的基础。在希腊,尼欧斯·波托卡拉斯(Nikos Portokallas)、美娜·斯普拉可尼亚 - 扎哈里亚(Mina Splakounia-Zahariou)和亚尼斯·瑞佐娜起司(Yannis Rizonakis)等在提供数据、访问以及测试新想法方面给予了非常有价值的帮助。我们也感谢德国、奥地利和瑞士开展的可持续旅游项目 Futouris。 Anja Renner 发起并鼓励与托马斯·库克(Thomas Cook)合作影响深远的水项目,这得到了 Inga Meese, Andreas Koch, Alexandra Beital 和 Annette Höher 的支持。感谢以色列的 Noam Shoval 和 Yael Ram,以及毛里求斯的 Robin Nunkoo。还有许多多年来帮助发展该领域,并分享他们见解和想法的人,特别是马蒂亚斯·戈斯林(Mathias Gössling)、迪特里希·布罗克哈根(Dietrich Brockhagen)、沃尔夫冈·斯特拉斯达斯(Wolfgang Strasdas)、托马斯·伏德(Thomas Vodde)、埃德加·克顿堪布(Edgar Kreikamp)、詹斯·哈尔佛香(Jens Hulvershorn)、哈拉尔德·蔡司(Harald Zeiss)、英姿·卡斯坦森(Ines Carstensen)和布鲁斯·米歇尔(Bruce Mitchell)。感谢加拿大研究主席对该研究方案的支持。

　　在个人方面,我们还要感谢我们的合作者及其家人给予的关爱,支持和耐心:美科(Meike)和林尼尔(Linnea),乔迪(Jody)、库珀(Cooper)、JC,托尼娅(Tonia)、丹妮卡(Danika)和伊莎贝尔(Isabel)。

Preface to the Chinese edition

It is with great pleasure that we welcome the publication of a Chinese translation of *Tourism and Water*. The book has been written with the intention to reach out to a global audience of academics and practitioners, and its Chinese version will ensure that it becomes more readily available to a greater number of colleagues and managers working in this part of the world. This will hopefully help to ensure that sustainable water use practices in tourism become more widely adopted, especially in one of the world's largest domestic and international tourism markets.

There is evidence that in China, economic growth including tourism contributes to water consumption, specifically in coastal provinces, many of the western regions, and in cities such as Shanghai, Beijing and Tianjin, where water is scarce. These regions and cities already rely on the import of water intensive goods sourced from vast "water hinterlands". The problem is currently addressed by large-scale water transfer projects diverting water resources from China's South to the North, at a high economic cost and with longer-term uncertainty as a result of the effects of climate change, especially the potential loss of summer storage in glaciers. Furthermore, as a number of examples in the book highlight, poor water quality can be a significant negative attribute for tourists when visiting destinations.

Against this background, management measures to reduce water consumption while still satisfying tourist needs will be required. Many of the measures introduced in *Tourism and Water* can contribute to a reduction in water use and greater water efficiency, often at a negative cost, and including both virtual (imported food and beverages) and on-site (irrigation, services) water demand. These options should be more widely explored by managers and policy makers, as they can simultaneously reduce water dependency and generate increased economic, social and environmental returns.

We also hope that this translation will encourage greater Chinese research into the role of water in tourism and hospitality. This is vital as there is a real need to generate more localised understandings of water consumption and management, along with other resources, and their relationships to energy consumption and environmental change, and the various cultural dimensions within which water is understood. As this book has pointed out, many consumers — and possibly some managers — may see the role of water in tourism in pools and spas and in the bathroom facilities, but they are usually relatively blind to its importance in food and food preparation, in the heating and air conditioning, and even in terms of the landscaping of lodging facilities and tourist attractions. The latter point being particularly significant given the need for the tourism and hospitality industry to respect to Chinese vernacular architecture and the role of water in Chinese landscape design traditions. Similarly, behavioural interventions with respect to encouraging hotel guest behaviours that conserve water need to be examined in a Chinese context.

Finally, we hope that this edition will highlight the important role that tourism has as an economically important user of water. The economic significance of tourism is just as great as agriculture, mining, manufacturing or heavy industry, or even greater, in many areas of China. If water quality is affected by the poor management practices of other economic sectors this can be extremely detrimental for tourism and therefore the wider regional economy. Master Kong Fu Zi said, "As the water shapes itself to the vessel that contains it, so a wise man adapts himself to circumstances." So it is that the tourism and hospitality industry need to adapt their behaviours and actions so as to improve water quality and conservation in a future characterised by increased demands on water supply and growing environmental uncertainty.

15 April 2017
Stefan Gössling
C. Michael Hall
Daniel Scott

中译本序

对于中译本《旅游和水》的出版,我们感到非常高兴。这本书旨在面向全球的学者和从业人员。中译本的出版将令全球更多从事该领域工作的同行及管理者更容易读到该著作,这有助于确保旅游业的可持续用水实践得到更广泛的应用,特别是在中国这个拥有世界最大国内旅游和国际旅游市场之一的国家。

证据表明,在中国,经济增长包括旅游业发展导致水资源消耗的增长,特别是在沿海省份、西部许多地区,以及上海、北京、天津等缺水城市。这些地区和城市已经依赖于从广阔的"水腹地"进口水资源密集型产品。目前,南水北调这一大型的水资源调运工程意在解决北方水资源短缺问题,但经济成本很高,而且由于气候变化的影响,使得这一工程面临长期的不确定性,尤其是夏季冰川储存的潜在损失。此外,正如本书中许多例证所强调的,当游客游览景区时,水质差是一个非常重要的负面因素。

在此背景下,减少水资源消耗的同时又满足游客需求的管理措施必不可少。《旅游和水》一书中介绍的许多措施,往往是在负成本的情况下减少用水量,提高水资源利用率,包括虚拟的(进口的食品和饮料)和实地的(灌溉、服务)用水需求。管理者和决策者应该更广泛地探索这些选项,因为它们可以同时减少水资源依赖性并产生更多的经济、社会和环境回报。

我们也希望这个中译本能鼓励更多中国学者研究水资源在旅游和酒店行业中的作用。这是至关重要的,因为要真正形成更多对本地化水资源的认知理解,关于水资源消耗、管理及其他资源,它们与能源消耗和环境变化的关系,以及理解各种文化层面中的水资源。正如这本书所指出的:许多消费者也许还有一些管理者,可能会认识到水资源在旅游业中的作用,如游泳池、水疗中心、浴室设施。但是他们经常容易忽略水资源在食物和食物制备、供暖和空调中的重要性,甚至在住宿景观设施和旅游景点中的重要性。后一点尤为重要,因为旅游和酒店行业需要尊重乡土建筑以及水要素在中国景观设计传统中的作用。同样,关于鼓励酒店客人节约用水的行为干预也需要在中国语境下审视。

最后,我们希望中译本将凸显旅游业在经济上作为重要水资源使用主体的重要作用。在中国的许多地区,旅游业的重要意义与农业、矿业、制造业或重工业一样,甚至更为重要。如果水质受到其他经济部门不良管理做法的影响,将对旅游业和更广泛的区域经济发展非常不利。孔子曰:"水之形,在其觥;人之贤,在其朋。"意为:明智的人会根据情况调整自己,正如水会根据容器的形状改变自己的形态。因此,旅游和酒店行业需要调整自己的行动和策略,以便未来在水资源需求不断增长及环境不确定的情况下改善水质并保护水资源。

史蒂芬·戈斯林

迈克尔·霍尔

丹尼尔·斯科特

2017 年 4 月 15 日

目　录

第 1 章　生命之水 : 全球概述

水对人类意义非凡。首先,人类需要水资源来维持生命。世界卫生组织(WHO, 2011)认为,每人每天至少需要 7.5—15 升的水资源才能生存。其中,饮品和食物中水含量为 2.5—3.0 升,满足基本卫生习惯的用水量为 2—6 升,满足基本烹饪需求的用水量为 3—6 升。这种对所需用水量的估计只是为了估算人对水的基本需要,并不能反映人类追求更广泛的其他目标时对水的"需求"状况(Lundqvist & Gleick, 1997)。更为重要的是,它只衡量了直接用水和实际包含在食物和饮品中的水(用于适当的水合作用和身体机能),而没有反映食品生产过程中更大的水足迹或者是所提供淡水需要的消耗量。

纵观整个人类历史,水资源的存取方式和日益成熟的管理水平一直是文明的标志,也是文明最大的挑战之一。塞德拉克(Sedlak, 2014)描述了现为伊拉克北部的埃尔比勒(Erbil)居民大约在公元前 700 年就挖掘了两万米隧道将地下水引入城市之中。同时期,希腊发明了类似的水资源收集和存储技术,这一技术在智利和中国分别得以发现。罗马人建造了第一个水资源利用系统,不但用于供水,还提供排水和废水管理;直到公元前 300 年,罗马地下水资源耗尽,城市供水系统扩大到使用水渠和管道系统。在罗马帝国,这样的供水系统逐步建立起来,一些水利工程遗产甚至持续到今天。正如施瓦茨等(Schwarz et al., 1990)指出的,水资源利用的多样化在现代工业和知识经济中继续存在:

在过去三个世纪中,人类的重大转型活动,如人口增长和城市化、农业发展和耕地扩大、工业发展和现代世界经济的兴起,以及能源的生产和消费(即化石燃料和水力发电)等,直接和间接影响了水质和水的可用性,这反过来又对人类健康产生了深远的影响(Schwarz et al.,1990:254)。

由于水资源具有维持生命这一关键特质,在许多文化中,水具有巨大的象征意义就不足为奇了。水是全世界精神信仰的固有内容,许多早期文化把水神和神秘的水生物及其精神作为他们民间传说的一部分。对于基督徒和其他亚伯拉罕系的宗教,部分或全部浸入水中是一种净化的仪式(Collins, 1995)。《古兰经》指出生命起源于水中:

不信道者难道不知道吗？天地原是闭塞的，而我开天辟地，我用水创造一切生物。难道他们不信吗？（《古兰经》，2014:21-30）

这说明，人类是从包含碳和水的单细胞结构进化而来的（Alberts et al., 2007）。同样，印度教圣书（the *Vedas*）解释说，陆地上的居民起源于原始海洋。

几个世纪以来，海洋一直是个充满神秘和激发人们探索的地方。太平洋上的美拉尼西亚人、波利尼西亚人和密克罗尼西亚人是具有高度流动性的海洋居民，数千年来，开拓、殖民新的领土一直是他们的常态。他们需要掌握远洋独木舟技术，以便能够航行横跨太平洋。尽管澳大利亚和新几内亚在5万年前就有现代人定居，但远洋独木舟技术却是在过去1万年中才逐步发展起来的（Howe,2007）。从人口迁徙方面而言，太平洋岛屿是最难到达的地方，世界上最近才有少数人定居在这个区域。然而，有一个重要的历史文化背景不容忽视，西方人认为太平洋是一个辽阔的、散布着岛屿的海洋，不同的是，太平洋居民认为这个区域是一个可以到达的"岛的海洋"（Hau'ofa, 1997）。

在现代，托尔·海耶比（Thor Heyerdahl，1979）认为，海洋不是分裂，而是连接大陆，代表新的定居点和贸易路线。在大约4000年前（公元前2000年），腓尼基人发明了海上航行技术。在地中海和西印度洋，贸易体系已经存在了2500多年。欧洲拥有精湛的造船技术，他们的海员15世纪开始探索和开发地球上的海洋。这一时期的制图师们把海洋描绘成充满野性又危险的生物。然而，后来海也成为人与自然和谐的浪漫形象的一部分，被称为地球上的天堂（Jean Jacques Rousseau），这与詹姆斯·库克（James Cook）发现南海密切相关（第一次太平洋航行1768—1771；Fagan, 1998）。描述当地人和平、好客、准备丰富的食物，以及拥有自由的爱情的故事传到了欧洲。

天真简单的大溪地人，已经远离欧洲文明几个世纪，看来似乎实现了幸福。许多人更倾向于相信找寻地球上的天堂已不再可能；事实上，南海天堂的神话仍然流传至今（Fagan,1998:146）。

虽然碧水、沙滩和阳光仍然是当代旅游形式最重要的基础（Bramwell，2004），但人类对海洋的感知仍然是一个谜，这很大程度上是由于大多数人永远不会进入海洋20米以下的深度，这大概相当于开放水域的初级潜水深度。因此，人类对海洋的认知主要是通过纪录片、电影和动画得来，从库斯托（Cousteau）的《沉默的世界》（1956）到史蒂文·斯皮尔伯格（Steven Spielberg）的《大白鲨》（1974）和迪士尼的《海底总动员》（2003），影视作品本身就能吸引国际游客来到昆士兰（Beeton, 2005）。深海仍然是探索界最后一个前沿，启发了电影导演詹姆斯·卡梅隆（James

Cameron）把自己的马里亚纳海沟（10 908 米）旅程拍成电影《深海挑战》。神秘的异域环境、多彩的鱼类、美丽的珊瑚礁以及清澈温暖的水域，激起越来越多热带景区潜水员的兴趣（Garrod & Gössling，2007）。例如，据世界上最大的潜水组织专业潜水教练协会（PADI）估计，自 1967 年以来，大约有 2200 万名潜水员获得该协会认证，每年增长超过 90 万人（PADI，2014）。然而，对于大多数游客而言，沿海地区是陆地与海洋之间的纽带，因而海滩仍然是最受欢迎的旅游胜地（Hall & Page，2014）。例如，2013 年欧洲南部和地中海国家接待了 2 亿多游客，加勒比地区则接待了 2000 多万游客（UNWTO，2014）。

我们对陆地水域或"湖泊系统"的认识则完全不同（Hall & Härkönen，2006）。湖泊和溪流可以广泛开展一系列游憩活动，同时也构成了城市、山脉和其他供游客参观游览的重要景观元素。具体来说，尽管湖泊对旅游目的地的景观价值仍然不够清楚，但划船和钓鱼被认为是具有重大经济意义的游憩活动（Hall & Härkönen，2006；Jones et al.，2006）。河流对旅游同样重要，尼罗河－卢克索（埃及）、长江三峡（中国）、多瑙河（德国、奥地利、匈牙利）和湄公河（越南）都有划船、皮划艇或划独木舟和钓鱼等热门活动（Prideaux & Cooper，2009）。在许多国家，炎热的夏季公共游泳池每天都有数百万游客游玩（2hm & Associates，2012；见图 1.1）。

图 1.1　德国弗莱堡的公共游泳池

注：在中欧，私人泳池不像北美那样普遍，夏天成千上万的公共泳池每天吸引了成千上万的游客。德国就有将近 7500 个公共游泳池，在炎热的夏季每天可能有几百万游客游玩。

许多旅游活动也间接依赖于水的可用数量和水的质量。在众多旅游目的地中，日益增长的全球高尔夫旅游市场严重依赖草坪的灌溉。无独有偶，越来越多的滑雪和冬季运动旅游目的地也将大量的水用于人工造雪，从而确保优质的冰雪旅游产品并延长旅游季节。农业旅游需要水用于作物生产,野生动物旅游则依赖动物所能获得的水。水的可用数量和水质的变化都会对旅游业产生负面影响。低水质与低水位的生态修复导致巨大生态成本与财政成本,在资料盒的示例中可见一斑,包括北美沼泽地与五大湖区域这两个世界自然遗产地(Shlozberg et al.,2014;UNESCO,2009),以及咸海和死海。

　　水质受到(生物和/或化学)污染或温度不适宜或具有其他物理特征的地区,游客可能会认为该地环境质量下降。在某些地区,较差的水质已被视为发展旅游业的主要障碍(Schernewski et al.,2001)。涉及氮和磷排放的水污染地区,可能导致藻类大量繁殖,自20世纪70年代以来,这种现象在全球范围内不断增加(Anderson,2009),已经引起了大量媒体的关注并进行报道,影响人们对目的地的感知和其声誉(如图1.2)。例如,在中国主办北京夏季奥运会之前,青岛海滨度假村的海滩被绿色的海藻覆盖(见资料盒1.1。海藻对人类的健康有隐患,同时因其对视觉、触觉和嗅觉会造成影响,从而也会影响审美(Nilsson & Gössling,2013)。

图 1.2　水质是度假的一个重要方面

注:2006年夏天,瑞典马尔默暴发了海藻,这个标志是警告人们:附近的波罗的海水质不好。游泳者被警告(瑞典语):"可能发生藻类大暴发(蓝绿藻可能有毒)。避免在藻类集中或藻类将水变浑浊的地方洗澡。沐浴后认真淋浴。儿童要特别注意。"这表明地方当局对所发生的事件束手无策,依靠临时危机管理的方式来解决。

资料盒 1.1　青岛奥林匹克绿藻

2008 年 6 月中旬,青岛沿海水域出现大量浮游藻类,而奥运帆船比赛将于 8 月在此举行。到 6 月 27 日,这些藻类覆盖了指定用于奥林匹克帆船比赛 50 平方千米区域的 30%,约为 15 平方千米(Hu & He, 2008),藻类全面覆盖的面积约为 600 平方千米。在海上藻类繁殖最繁盛时,最高覆盖面积为 1200 平方千米,影响范围约 40 000 平方千米,是有史以来最大的绿潮。为了确保奥林匹克帆船赛场可以正常使用,23 万多人数天从海滩和海岸线上清除超过 100 万吨的藻类。Wang 等(2009)估计清理海藻的总成本约为人民币 5.93 亿元(8730 万美元)。产生绿色海藻的原因是,在青岛以南距离 180 千米的海岸线上,海岸水产养殖产业迅速发展,这一条件有利于藻类快速生长、迅速繁殖并北上黄海,继而向西北扩散到青岛(Liu et al.,2009)。

虽然藻类大量繁殖引起的最广泛的问题是从视觉上影响水质的感知,但是水母数量的增多也会妨碍人们进行游泳活动(Gershwin et al.,2010)。现在,海滩和水的质量至关重要,因此蓝旗标签(Blue Flag,一个代表高质量环境的自愿生态标签)已被授予 48 个国家的 4000 多个海滩和码头(Blue Flag,2014)。

资料盒 1.2　新西兰河水质量：并不是想象中的纯净和绿色?

新西兰旅游和农业以"清洁、绿色"以及"100% 纯天然"的宣传形象在国际上推广(Hall, 2010)。这些品牌是新西兰旅游发展和自我认知不可或缺的一部分,却日益受到质疑,特别是由于湖泊、河流甚至沿海水质的显著下降。

新西兰的水质受到越来越多的公众关注,水质对于土著毛利人的文化和舒适性价值、生物多样性、娱乐和经济效益,特别是农业生产和水电(PCE,2012)都举足轻重。他们的美学价值和舒适性价值对于旅游业和国家都是重中之重,对于新西兰在国际上维持"清洁、绿色"的国家形象也很重要(MFE,2007)。虽然按照国际标准,新西兰河流生态健康总体良好,但是长期的发展趋势证明了其水质正在恶化,主要归因于集约化农业、土地利用和发展(Ballantine & Davies-Colley,2010)。许多湖泊和河流受到污染,特别是在低海拔的集水区,这些地方以高强度的农业发展和城市发展为特征,其最终结果是水中病原体、沉积物和营养物质不断增加(Ballantine & Davies-Colley,2010;MFE,2007;见图 1.3)

图 1.3　有毒物质和藻类暴发的警示标牌(新西兰的福赛斯湖)

　　污染物包括重金属、有毒化学品和农药。然而,对水质影响最大的因素是病原体、沉积物和营养物质(PCE,2012)。病原体来自人类污水和动物粪便中的微生物,肉眼看不见但能引起疾病,沉积物和营养物质则由于被雨水冲刷进入水中而成为污染物(PCE,2012)。通常情况下,农业和城市发展加剧了土地侵蚀这一自然过程。河水中过量的营养物质,特别是磷(来自水土流失和动物排泄物)和氮(来自动物排泄物)也可能导致水生植物极端生长、藻类激增、氧耗竭和栖息地破坏(MFE,2007;PCE,2012)。

　　病原体主要来源于污水净化厂排放的处理不达标的生活废水(MFE,2007;PCE,2012)和未经处理的城市地表污水溢流、下水道管道破裂,以及位置不当和维护不当的化粪池系统(PCE,2012:22)。虽然有一些协议,例如乳品业与洁净水源协议(一种关注淡水资源环境保护的可持续乳业的自愿方式;MAF,2011),但大量扩散性的农业污染仍然与水质恶化相关(PCE,2012)。洁净水源协议的评论者认为,自愿的方法并不能达到主要目标,由于缺乏适当的措施、独立的审计和责任机制,这种策略只是披上了一层绿色外衣(Dean & Hackwell,2008)。

　　筑坝发电和抽水灌溉导致河道改变、河水流量减少、河水冲刷沉积物的能力降低,所以河流更容易受到污染物的影响(PCE,2012)。由于沉积物堆积、抽水、农业及城市急剧发展造成树荫区减少,导致河流水流量减少,河水显著升温,这也威胁到水生生物多样性。1989—2007 年,全国水温整体趋势略有增加,更接近 5% 的“显著”水平(Ballantine & Davies-Colley,2010:iv)。总氮和总磷趋势整体上升,这些总增加量与农业牧场占集水面积的百分比之间有很强的关联性（MFE, 2013）。全国范围内，肉眼可见水域清晰度得到了一定改善，但有大型牧区的集水区域，其河流的清晰度一般较差（MFE, 2013）。大肠杆菌（表明存在致病病原体）的检测报告强调，城市河流中的细菌数量最多，农业地区的河流含菌量也居高不下（MFE, 2007），甚至"最差的牧区"比"最差的城市"监测到更高的细菌水平（MFE, 2007: 287）。虽然一些河流水质得到了改善，最可能的原因是减少了点源污染，但污染物扩散意味着总趋势是许多河流的水质继续恶化（Ballantine & Davies-Colley, 2010; PCE, 2012）。

集约化奶牛养殖是河流污染中最受指责的原因。一些区域水质协议允许奶农比其他农民排放更多的氮气，这被认为是"种族隔离"的另一种形式（Brooker, 2014）。然而，有许多工业用途与河流污染有关，包括农业、林业、城市发展、发电、污水处理和旅游（MFE, 2007; PCE, 2012）。河流中氮污染物的最大来源是牲畜排泄物，但牲畜排泄物可能来自任何能够进入河道的动物，而不仅仅是奶牛（PCE, 2012）。牲畜破坏了植物和河岸，这对河岸栖息地造成重大损害，也威胁到水生生物的自然覆盖和遮荫区，并可能使河水水温升高。2000—2010 年期间，奶牛数量几乎翻了一番，尽管奶牛不是造成水质损害的唯一原因，但奶牛养殖数量的增加和奶牛场土地的不恰当管理继续造成了严重的水污染（Monaghan et al., 2007）。

新西兰约有 75 个废水处理厂将污水排放到河流和溪流中（MFE, 2007: 70），其中处理能力有限的小型废水处理厂遗留了大量的氮和磷（PCE, 2012: 32）。奶制品厂、冷冻厂、纸浆和造纸厂排放的废水是河流中磷的重要来源。尽管如此，"河流中磷污染的最大来源是持续侵蚀的沉积物——森林砍伐与施顶肥带来的问题"（PCE, 2012: 70）。灌溉和水电站也"改变河流的自然流量，导致沉积物增加、水温升高、氧气浓度降低。藻类和其他滋扰植物可能在大坝下游增殖，因为定期冲洗河流系统的高流量已经被大大降低了"（MFE, 2007: 267）。

旅游和游憩活动对水质有重大的负面影响（Hall & Stoffets, 2006）。在集水区露营和徒步可能产生污染，特别是污水，也会加剧水土流失。进行划船和钓鱼休闲活动时，船舶螺旋桨可能破坏河岸和动物群，增加河水浑浊程度，排放机动燃料和引入外来物种（Hall & Härkönen, 2006）。随着水土流失和污水排放日趋严重，暴雨量超出基础设施承载力，城市周边的发展，例如住房区和第二住宅开发，都对河流水质造成负面影响（PCE, 2001; Sleeman, 2009）。虽然我们已经了解很多关于新西兰工业和商业活动对河流污染的影响，但是目前土地利用和开发产生的全面影响，在近几十年内可能是看不到的。因为地下水系统监测的河流影响存在时间滞后性，意味着当前的监测报告反映的是 20 世纪 60 年代和 70 年代土地利用和耕作方式对一些流域的影响，而不能体现当前密集奶牛养殖、半城市化和生活福利设施迁移等事件产生的负面影响。

1. 全球淡水资源的人类占用

　　毫无疑问,水对人类的生活、社会、文化和经济具有举足轻重的意义,但越来越多的证据表明,人类的用水模式是不可持续的(Cleick & Palaniappan, 2010; Hoekstra et al., 2012; Ridoutt & Pfister, 2010a, 2010b)。斯里尼瓦桑等(Srinivasan et al., 2012)提出,与水有关的人类福祉有 6 个"综合征":地下水枯竭、生态破坏、干旱导致的冲突、未满足的生存需求、精英的资源攫取,以及自然界水资源配置不合理。所有这些综合征可以通过一组有限的因果要素进行解释,这些要素分为 4 类:需求变化、供应变化、治理系统和基础设施 / 技术。其中 3 组特征引起我们关注水和整体人类福祉,这 3 个特征也决定了本书的重点是需要更好地了解水与旅游之间的关系。

　　(1)不可持续性:水资源存量减少或生态系统功能下降,可能导致未来人类福祉大幅下降;

　　(2)脆弱性:可利用水资源的获取方式变数颇多,以及人类应对能力不足,将导致人类福祉暂时下降;

　　(3)慢性短缺:长期不适当的水资源获取方式,将导致人类福利条件降低(Srini-vasan et al., 2012)。

　　尽管地球表面的 70% 以上被水覆盖,但全球总水量中只有 2.5% 是淡水(Shiklo-manov, 1993)。如表 1.1 所示,大多数淡水分布在地下和冰帽中,其总量相当少,估计只有 10 万立方千米的淡水集中在大湖泊,包括贝加尔湖(俄罗斯)、北美洲的五大湖和东非的湖泊。河流中的淡水更少,只有 1700 立方千米。

表 1.1　蓄水区域和通量

	估计值(立方千米)	文献中数值的范围(立方千米)
蓄水区域		
海洋	1 350 000 000	$1.32 \times 10^9 – 1.37 \times 10^9$
大气层	13 000	10 500–14 000
陆地		
河流	1700	1020–2120
淡水湖泊	100 000	30 000–150 000
内陆海域(咸水)	105 000	85 400–125 000
土壤水分	70 000	16 500–150 000
地下水	8 200 000	$7 \times 10^6 – 330 \times 10^6$
冰帽 / 冰川	27 500 000	$16.5 \times 10^6 – 29.2 \times 10^6$
生物群	1100	1000–50 000

续表

	估计值（立方千米）	文献中数值的范围（立方千米）
通量		
蒸发	496 000	446 000–557 000
海洋蒸发	425 000	383 000–505 000
陆地蒸发	71 000	63 000–73 000
降水	496 000	446 000–577 000
海洋降水	385 000	320 000–458 000
陆地降水	111 000	99 000–119 000
入海径流	39 700	33 500–47 000
溪流	27 000	27 000–45 000
地下水补给	12 000	0–12 000
冰川冰	2500	1700–4500

资料来源：Speidel & Agnew（1982）。

从 20 世纪 90 年代开始，人类就已经认识到了全球可供人类使用的水资源范围，并意识到不断占用可持续水资源会带来什么样的影响。如波斯托等（Postel et al., 1996）所述，全球储存在湖泊、河流、地下水、大气层和生物中的淡水总量不到世界淡水总量的 1%。这一数量的水被称为陆地上的可再生淡水供应（$RFWS_{land}$，估计为 110 300 立方千米／年）。图 1.4 显示，$RFWS_{land}$ 包括陆地上的降水（来自海上的蒸发水分）和陆地的蒸散量（ET），后者指从陆地流向海洋的部分。ET 被定义为由植物吸收并释放回大气中的水（蒸腾），以及从陆地表面（包括植物）蒸发的水（蒸发）。陆地上的 ET 占了 $RFWS_{land}$ 的最大份额（69 600 立方千米／年）。其中，每年约 18 300 立方千米用于农业和生物。每年估计有 40 700 立方千米为径流，这是水循环中与人类直接相关的部分，在地理上和时间上，每年只有 12 500 立方千米的可获取性径流（AR），这部分可以被抽取并提供给人类使用。波斯托等（1996）估计，目前人类使用淡水量为每年 6780 立方千米的可获取性径流（占 AR 总量的 54%），加上每年 18 200 立方千米的蒸发量（占 ET 总量的 26%），总共达到可用的 $RFWS_{land}$ 的 30%。现在考虑到这些估计值已超过 25 年，全球人口也从 1990 年的 53 亿增加到 2012 年的 70 多亿，人类占用的全球淡水资源比例毫无疑问增加了。

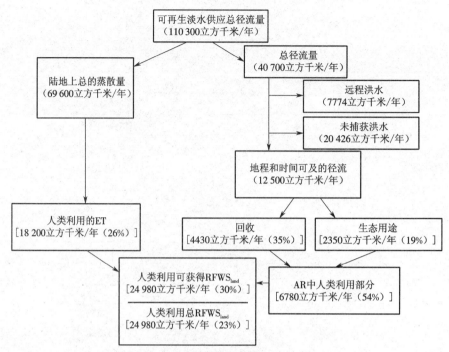

图 1.4　人类对淡水资源的占用比例

注：RFWS$_{land}$，陆地可再生淡水供应；P$_{land}$，陆地降水；ET$_{land}$，陆地蒸发；AR，可获取性径流。
资料来源：Postel et al.（1996）。

　　值得注意的是，可获取性径流分布与世界人口分布并不一致。例如，亚洲拥有全球 60% 的人口，但它的径流分布只占全球的 36%。在非洲北部、地中海、中东地区、近东、南亚、中国南部、澳大利亚、美国、墨西哥、巴西东北部和南美洲西海岸，估计已经有 14 亿—21 亿人生活在水资源紧张区域（Arnell，2004；Vörömarty et al.，2000）。

　　未来，预计多种压力因素会增加全球许多地区的水安全挑战，人类占用全球淡水资源的份额预计会随人口的增加而增加。即使 2025 年的人均用水需求与 Postel 等（1996）估算的 1990 年的人均用水需求一致，但随着全球人口的增加，到 2025 年估计人类用水量将增加到可获取性径流的 70%（每年 9830 立方千米）。然而，人均用水需求预计不会保持不变，也不会像一些人所期望的那样下降（Hejazi et al.，2013）。相反，活罗斯马蒂等人（Vörösmarty et al.，2000）的研究表明，不断增长的需求可能导致未来更大的水安全挑战。

　　Vörösmarty 等（2000）认为，发展中国家尤其会面临需水量大幅增加的情况，生活在水资源严重紧张地区的人口数量有可能从 1995 年的约 4.5 亿大幅增加。然而，即使水资源充足的地区也面临挑战，即如何提供足够的符合质量标准的水。随着全球湿地不断退化，并在发展的大潮及海平面上升过程逐步消失（通过洪水和海水倒灌），生态系统净化水的能力将受到负面影响（UN Water，2014）。此外，"未来几十年，世界人口增长点将发生在城市地区,预计在 1995—2025 年间将翻一番,达到 50 亿,因此在应对增加的水污染和水传播疾病的发生率方面将面临重大挑战"(Vörösmarty et al,2000:287)。

联合国水机制(UN Water,2014)表明,由于消费者需求和生活水平的提高,或者更具体地说,由于人类对产品和食品、火力发电和生活需求的不断增长,全球用水需求(以提取的 AR 计算)将在 2050 年前增加 55%(见图 1.5)。因为未来几十年用水需求增加,联合国水机制(UN Water,2014)估计,到 2050 年,随着含水层过度开发和地下水供应减少,将有多达 40% 的全球人口可能生活在用水严重紧张的地区。赫亚兹等(Hejazi et al.,2013)同样表明,到 2050 年,除了澳大利亚和新西兰、加拿大以及组成苏联的地区和拉丁美洲之外,大多数大洲和国家将面临更严重的水资源短缺问题。值得注意的是,澳大利亚部分地区在干旱期间已经面临水资源问题,这表明即使在这些水资源相对安全的国家,也存在区域性水资源短缺问题。

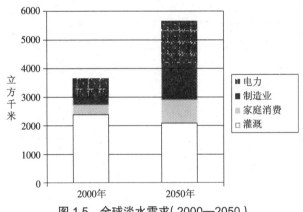

图 1.5　全球淡水需求(2000—2050)

资料来源:改编自 OECD(2012b)。

由于全球环境持续变化,令人不安的水安全问题在未来将进一步复杂化。到 21 世纪 50 年代,气候变化预计对世界一些地区的区域降水模式产生显著影响,水需求增加将加剧人类面临的用水安全挑战。进一步来看,根据当前温室气体排放趋势(IPCC,2013),最可能发生的气候变化现象是全球变暖,即气温上升 4° C,到 2100 年,多达 32 亿人将面临水资源压力(Parry et al.,2009a,2009b)。

资料盒 1.3　水资源短缺的概念

水资源短缺及其影响的严峻性最近也得到联合国各个组织的回应,包括联合国水机制,一个负责淡水和卫生相关问题的机构间协调组织。日益增长的水需求直接导致缺水,它与气候和生态系统变化相关并可能随之加剧。它被定义为"水需求超过可用供应"（UN Water，2014：6），而绝对缺水率的阈值被定义为每人每年小于500立方米（Falkenmark & Widstrand，1992）。后者被称为水资源拥有量指标（water-crowding indicator），通常表示为每单位水可供使用人数或人均可用水量。

联合国指标——可用水资源量指标（WTA），是使用最广泛的缺水指标。Falkenmark指标侧重于自然水资源禀赋，而WTA指标侧重于各国如何使用该禀赋。因此，"用Falkenmark指标显示每个人拥有充足水资源的国家，如果人均用水量非常大，那按照WTA指标可能会被定性为缺水，不管这是浪费所致，还是出口水密集型产品所致"（Anisfeld，2010：78-79）。WTA指标是本书的重点，因为水在很大程度上隐含在旅游和接待产业的食物消耗中。

WTA指标也有以下几个缺点。

- 数据质量：数据取决于收集的充分性，这在许多国家可能是一个问题。
- 时间：没有考虑到年度、旱季水资源可用性及其对供水影响之间的不同关系。
- 用水适宜：该指标没有指示取水量的适当性。

分析水资源短缺的另一个问题是理解分析尺度影响的重要性，以及按照分水岭确定分析边界的重要性。基于行政边界的缺水框架，可能与基于流域的缺水框架给出不同的理解。水资源短缺的另一个维度是经济性缺水概念，是指受经济状况限制，而不是物理限制，如缺少水利设施，导致单个用户的水资源缺乏（Anisfeld，2010）。与水资源短缺有关的重要概念是地下水透支，这是指地下水的利用率高于其补给率的情况，干旱并非指低水资源利用率（干燥），而是指与正常可用性水的负偏差。干旱通常分为4种类型。

- 气象干旱：降水相对正常时的缺水现象。
- 农业干旱：土壤中的低水分给作物生长带来负面影响，这也可能是由于人为因素影响到土壤保持水分的能力，如拙劣的农耕技术。
- 水文干旱：由于气象干旱，地表水流量和地下水水位下降。
- 社会经济干旱：与气象、农业或水文干旱相关的社会经济影响。

2. 水资源消耗测量的复杂性

不同国家之间、每个国家内部水资源拥有量及水资源可用量存在很大差异。例如，2005年乍得人均取水量为225升/天，美国为4315升/天（FAO，2014），这些数据体现了水资源利用的巨大差异。然而，这并不一定意味着这些数值对应于实际消耗的水量，因为在国家和区域间大量贸易中存在"隐含水"，直接人均用水量无法衡量这部分水。产品，尤其是农产品中隐含大量水，这一想法首次出现在艾伦（Allan，1998）的"虚拟水"概念中，这一概念形成于中东缺水的背景下。后来，这一概念被发展成为更全面的"水足迹"概念（Hoekstra & Hung，2002），便于理解人类消费淡水造成的影响，随后用于比较一个国家消费与生产中所隐含的水。

各种例子表明了指定用水测量与综合用水测量的差异。查巴甘和奥尔（Chapagain & Orr，2008）提出，尽管一听软饮料仅含有 0.33 升液体，但饮料中所含的糖可能已经消耗了 200 升水。肉类生产所需的水量，比自身重量高了 3 个数量级（Hoekstra & Chapagain，2008）。这对各个国家的水资源消耗量具有相当大的影响。Hoekstra 和 Chapagain（2008）指出，例如约旦从国外进口的货物中含 50 亿—70 亿立方米虚拟水量，而国内用水约为 10 亿立方米。关于隐含水贸易的研究，揭示了以货物形式存在于国与国之间水贸易的巨大规模和一些国家对水的依赖（Dalin et al.，2012；Lenzen et al.，2013；Yang et al.，2003、2007；见表 1.2）。旅游业也是如此（Gössling，2005），这导致了国家之间和区域内水资源使用的显著变化，这将在第 2 章中进行详细讨论。

表 1.2　虚拟水流量示例

国家和地区	虚拟水流量（10^6立方米/年）								净虚拟水进口（10^6立方米/年）			
	与作物产品贸易有关		与畜产品贸易有关		与工业产品贸易有关		总计		与作物产品贸易有关	与畜产品贸易有关	与工业产品贸易有关	总计
	出口	进口	出口	进口	出口	进口	出口	进口				
瑞典	2034	4747	808	1203	1639	4316	4481	10 266	2703	395	2678	5776
瑞士及列支敦士登	1163	6172	401	752	1555	5208	3119	12 132	5008	351	3654	9013
叙利亚	4025	3131	512	143	126	213	4663	3487	-894	-368	87	-1175
中国台湾	329	11 708	3559	3535	0	0	3888	15 243	11 380	-24	0	11 356
塔吉克斯坦	1014	0	36	0	0	0	1050	0	-1014	-36	0	-1050
坦桑尼亚	3173	970	52	11	2	85	3227	1066	-2203	-41	83	-2161
泰国	38 429	9761	2856	1761	1655	3596	42 940	15 118	-28 668	-1096	1941	-27 823
多哥	1920	400	2	8	7	34	1929	442	-1519	6	27	-1486
托克劳群岛	2	1	0	1	0	0	2	2	-1	1	0	0
特立尼达和多巴哥	350	493	15	169	81	193	446	855	143	153	112	408
突尼斯	11 013	3502	78	211	72	524	11 163	4237	-7510	133	452	-6925
土耳其	11 069	14 069	337	1206	1902	2941	13 308	18 216	3000	869	1040	4909
土库曼斯坦	1071	165	27	43	72	92	1170	300	-906	16	21	-869
图瓦卢	0	1	0	1	0	0	0	2	1	1	0	2
乌干达	4432	1201	77	3	1	88	4510	1292	-3231	-74	87	-3218
英国	8773	33 742	3786	10 163	5113	20 321	17 672	64 226	24 968	6378	15 208	46 554

资源来源：Hoekstra & Chapagain（2008）。

基于消费的国家水足迹概念是本书的一个中心指标，它衡量一个国家居民直接使用的淡水数量以及进口产品所消耗的水资源量，并冲销该国生产但是出口到其他国家的产品中含的水资源量。水足迹也包括三种类型的水，即蓝水、绿水和灰水。绿水代表的是陆地上的降水在不饱和的土壤区域内变为土壤水分以供植物生长的水（Falkenmark & Rockström，1993）。蓝水是指地表水和地下水，即传统意义上在河流、湖泊和含水层中发现并可用于灌溉的水。而灰水被定义为将食品生产中的污染物（如肥料和农药）稀释到水质高于给定质量标准所需的水量（Water Footprint Network，2013）。

图 1.6 显示了如何用国家水足迹测量在该国消费的所有商品和服务的总用水量（Hoekstra & Chapagain，2008）。水足迹区分了用于国内农业、工业和家庭用途的绿水、蓝水和灰水，但不包括出口隐含的水。如图 1.6 所示，这个国家主要出口农产品，含有大量的绿水。为计算全国总量，必须加上进口，尽管可能减少了再出口的部分。例如，进口草莓生产酸奶，然后出口到另一个国家消费的情况。

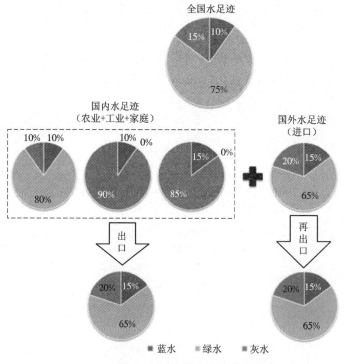

图 1.6　确定国家水足迹的构成

资料来源：改编自 Chenoweth et al.（2014）。

3. 部门水资源消耗

由于在许多国家中农业用水占主导地位，人类的总用水量可分为农业用水和非农业用水（Hejazi et al.，2013）。农业用水包括雨水灌溉或灌溉农业以及畜牧养殖，占总淡水消耗量的 70%，是淡水消耗的主要部分，其次是工业用水（19%）和生活用水（FAO，2014），如表 1.3 所示。非农业用水包括初级和次级能源生产及制造业用水和生活用水。第 4 种类型的用水，是与水坝相关的人工湖或水库蒸发，联合国粮食及农业组织（2014）未来将会考虑这一点。

表 1.3　按部门分列的全球淡水使用情况

部门	占全球淡水取水量的比重（%）	占全球水资源消耗的比重（%）
市政	13.0	5.4
发电	14.0	6.3
初始能源	0.5	0.5
制造业	5.6	2.2
农业	66.0	84.0
畜牧业	0.5	1.4

资料来源：2005 年全球用水量和按行业分类的数据（Hejazi et al.，2013）。

　　分析水资源利用时要关注一个重要特性——它是否属于消耗性的，即水资源投入量小于再循环或再利用水的总量（US Department of Energy，2012：3）。灌溉用水尤其成问题，因为其中 90% 是消耗水，即由于蒸化，该水无法流入下游供其使用（FAO，2012）。因此，尽管农业部门估计将减少 66% 的全球淡水，但它消耗了全球淡水的84%（表 1.3）。联合国水机制（2014）报告指出，能源生产是第二大耗水的人类活动，需要全球大约 15% 的取水量，主要是用于火力发电厂中的冷却环节，火电占全球电力生产的 80%。目前，电力生产消耗水较少，只有 11% 的水无法进入下一环进行再利用，但假如发电厂使用更先进的冷却系统或使用更大量的生物燃料，这种情况可能会改变。正如以下部分中进一步详细讨论的，化石燃料生产远比电力生产消耗更多的水。

　　综合起来，农业和能源生产占总取水量的 80%，占淡水消耗量的 91%（如表1.3）。总淡水消耗量的剩余份额正被用于各种制造和生产过程中，以及居民生活用水、市政、全球商业机构和公共服务等领域。由于食品和能源生产对全球淡水使用具有如此重要的意义，下文将对这些部门进行更详细的研究。考虑到这些部门的总用水量占主导地位，它们在旅游部门中占据用水量主体也就不足为奇（Gössling & Hall，2013）。尽管如此，这是对旅游餐饮业用水一种相对较新的理解，过去关于该部门用水的讨论几乎只集中在旅游设施的生活用水上，如酒店和度假村（Deng & Burnett，2002；Stipanuk & Robson，1995；Tourism Concern，2012）

（1）食品生产

食品消费在国家之间分布高度不平等，全世界估计有 8.7 亿营养不良的人（FAO，2013）。然而，这些人的食物需求还没有得到满足，另一部分人口的食物消费却越来越多了，他们偏好高层级饮食，包括生产过程中能源和水密集的牛肉、家禽和猪肉（Smith et al., 2009b）。因此，全球对肉类需求的增加将需要更多的灌溉、化肥和饲料生产，这些活动能耗很高，与基于植物的素食相比，将增加用水量。结果就是，农业不仅占所有淡水抽取量的 70%，食品生产和供应链也占全球能源消费总量的 30%（FAO，2011b），这又增加了农业部门总的用水量。到 2050 年，世界人口将增长到 93 亿（UNDESA，2012），即使饮食（包含的能量和水）保持与现在一样，全球粮食生产也必须增加 60%，才能满足额外人群的需求（Alexandratos & Bruinsma，2012）。

关于食物消费中所含的淡水，联合国教科文组织（UNESCO，2009）指出，根据当地气候、作物品种和农业耕作方式，需要 400—2000 升水来生产 1 千克小麦，1000—20 000 升的水生产 1 千克肉。按照每千卡日常食物需要 1 升水估算，人类在饮食方面每人每天需要 2000—5000 升水。如图 1.7 所示，人类饮食需要的总水量受消费的食物和饮品类型的影响极大。按全球平均水平，生产 1 千克食物可能需要 74 升（啤酒）至 17 196 升（巧克力）不等的水。这是指用于生产的所有水。如前所述，需要对与食物相关的水足迹进行绿水、蓝水和灰水的划分，这很重要。由于食品及其来源和组成不同，包含在 1 千克食物中的绿水、蓝水、灰水的绝对量（所需水的升数）和相对量（绿水、蓝水、灰水的百分比）差别巨大（Chenoweth et al.,2014）。

尽管不同食品的总水足迹成分在评估食品生产的总需水量时必不可少，并且评估用于维持旅游系统的重要部分（通常是奢侈的食品和饮料）所需的水也至关重要，但有人已经提出关于绿水使用的几个注意事项。例如，里德奥特和菲斯特（Ridoutt & Pfister，2010a）认为，绿水消耗不会造成水资源短缺，因为这种水不能用于农业以外的目的。也可以理解为，旅游业中的蓝水利用远远大于绿水利用。图 1.7 中描述了总水足迹以及绿水、蓝水份额，表明食物生产中的蓝水成分很少。然而，生产这些食品，需要计算总的用水量，并且对蓝水组成进行计算产生了这样一个问题，即究竟是当地生产还是进口更有利，因为干燥地区食品生产比潮湿地区生产需要的水更多（Chenoweth et al., 2013）。因此，在某些情况下，进口旅游食品可能在全球范围内更为节省用水，尽管这取决于用于运输食品的能源类型和数量，以及随后水消费的影响。

图 1.7 还表明，不同食物中包含的蓝水份额相对较小。从全球平均水平来看，在 1%（巧克力）和 30%（西红柿）之间浮动。相比之下，绿水占总需水量的 56%（生菜）到 98%（巧克力），灰水占 1%（巧克力）到 32%（莴苣）。这些数值只是代表全球平均值，并且在不同国家之间可能存在显著差异（Chenoweth et al.， 2014）。然而，不可否认，主要以肉类

和乳制品为主的饮食方式导致相当大的水足迹值，因为要给动物饲喂经过加工的食物，例如粒料，通常从距离较远的地方进口。此外，动物需要大量的水（Vanham et al.，2013a、2013b）。如图 1.7 所示，西红柿的平均水足迹只是肉类水足迹的一小部分。值得注意的是，上述数值代表生产的直接用水，但还应该加上生产、加工、分配、零售、准备及烹饪过程中所耗的能源用水量。在全球范围内，粮食部门估计每年需要 95 艾焦耳的水能源（FAO，2011b）。

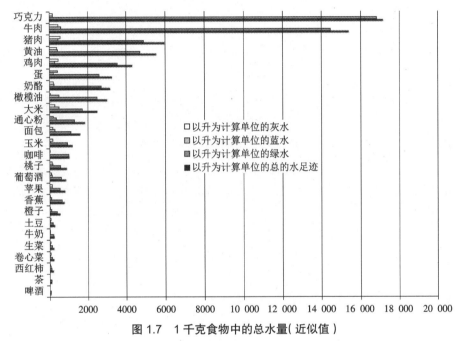

图 1.7　1 千克食物中的总水量（近似值）

资料来源：基于 Mekonnen & Hoekstra（2011a,2011b）的研究。

　　确定与食物消费相关的绿水、蓝水、灰水值，反映了测量和认识旅游部门相关水资源消耗及转移所造成影响的复杂性，包括旅游目的地层面和全球层面。

（2）能源生产

　　近年来，能源使用和水消耗之间的相互关系越来越清楚，因为水供应和水治理需要消耗能源，而能源生产本身也需要水（图 1.8）。在大多数国家，能源生产在消耗和非消耗性使用水中占很大比例，发展中国家在 10%—20% 之间（包括工业，在发达国家达到 50%，其中较少用于农业，更多用于电厂冷却；UN Water，2014）。

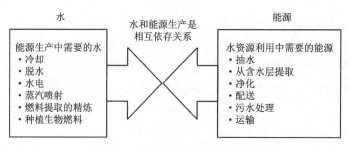

图 1.8　水和能源之间的相互关系

　　抽水、配送和处理水都需要能源,而相对能量供水强度取决于高度变化(抽水)、距离、管道直径和摩擦以及水的来源及其质量和处理类型。抽水的能量通常比较密集,因为水的密度较大。饮用水需要经过大量处理环节,以排除任何潜在的健康隐患,并且用过的水需要再次处理以保证其无污染地回到环境中(如表 1.4 所示)。根据处理过程,处理方式可以分为低能量强度(紫外线: 0.01—0.04 kW·h/m³)和高能量强度(反渗透: 1.5—3.5 kW·h/m³)。请注意,农业用水通常是不需处理的,仅需要抽水能量。地表水通常需要较少能量且容易配送,但需集中处理。反之,地下水通常不需要太多处理,但是需要更多的能量用于抽水。海水淡化是最耗能的供水形式。在全球范围内,估计有16 000 个海水淡化厂,每天产生的淡水总量为 7000 万立方米,其中估计需要全球 0.4%的总电力消耗(75.2 太瓦时 / 年)(IRENA,2012)。因此,海水脱盐仍然昂贵且能源消耗巨大。

表 1.4　提供 1 立方米安全饮用水所需的能量

水体	能量(kW·h/m³)
湖或河	0.37
地下水	0.48
废水处理	0.62—0.87
废水再利用	1.0—2.5
海水	2.58—8.5

注释:这些数字未考虑一些关键要素,例如不同区域水的运输距离、运输效率水平截然不同。

资料来源:WBCSD(2009)。

　　不管能源的形式如何,能源生产本身也属于水密集型,包括电力、化石燃料和生物燃料。关于电力,估计全球 90% 的发电是耗水密集型的(UN Water, 2014)。水电直接使用水,所有形式的火力发电,即利用热能发电,包括核、煤、天然气、石油、太阳能和生物需要水。例如,在欧洲,火力发电占总淡水量的 43%(Rübbelke & Vögele,2011)。发电和冷却技术中,每兆瓦时的耗水量介于 1—10 000 升之间,在综合利用循环燃气涡轮机、化石蒸汽和核发电的情况下，耗水量会稍低。目前风力和太阳能光伏目前需要水量最少。预计到 2035 年，全球电力需求将增长 70%，主要是在中国和印度。预计到 2035 年之前，煤炭将继续用作发电的主要燃料（UN Water，2014）。这将对这些新设备数十年使用寿命期间涉及的水资源利用产生相应的影响。

　　水还用于化石燃料和生物燃料的生产，尽管用水量不断变化，需水量依然相当大。例如，每吨标准油，用水量在 1—1 000 000 升之间，其中常规的天然气和天然气液化的需水量可能最少。煤炭为耗水密集型，因为煤层需要脱水，这种水随后又不能用于其他用途。非常规燃料，例如来自油砂的精炼油，需水量比常规燃料更大。生物燃料最耗水，因为生物生长需要大量的水。图 1.9 显示，能源生产的大部分用水是消耗性的，生物燃料的用水量更大。

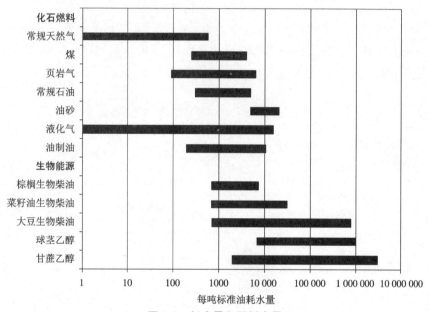

图 1.9　耗水量和燃料产量

资料来源：改编自 IEA（2012）；对数标度。

　　汽油和石油生产需要大量的水，除电力之外，旅游业（尤其是旅游运输）与汽油和石油相关度最大。例如，世界观察研究所（Worldwatch Institute，2004）建议 1 升汽油的生产需要 18 升水，而能源前沿（Engergies Nouvelles，2011）报告，生产 1 升油需要 3—5 升水。比尔等（Beal et al.，2012）及桑德斯和韦伯（Sanders & Webber，2012）认为石油基燃料需要的用水量更大：每升燃料需 7—15 升水。在石油生产技术成熟的地方，用水量则更大，因为需要更多水生产石油（称为"水油比"），每升燃料含水量可高达 14 升（Energies Nouvelles，2011）。然而，在石油生产中消耗性的水比例较低，从每升原油需 2.1—5.41 升（美国生产）到 1.4—4.6 升（沙特阿拉伯生产）、2.6—6.2 升（加

拿大油砂)(US Department of Energy, 2012)。此外, 水源可能需要淡水、盐水、脱盐水或水蒸气, 以改变重油和油砂的黏度(UN Water, 2014), 即可能需要进一步的能量输入用于生产。总体来说, 石油生产可能需要 1.4—6.2 升的耗水量, 或每升燃料的总用水量为 3—18 升。

甚至连可再生能源生产也需要水, 特别是生物燃料的需水量较大。目前传统生物质燃料(木质燃料、农业副产品和粪便)占全球最终能源消耗的 9.6%, 现代生物(固体废物及来自农业和林业的固体废物)占 3.7%, 生物燃料占 0. 8%(Banerjee et al., 2013), 但它们对全球最终能源消耗的贡献预计在未来几十年将快速增长。自 2000年以来, 生物燃料生产迅速增长, 部分原因是石油价格上涨和能源安全问题。但是, 有些地区为生物燃料扩张提供了大量补贴, 这可能对水需求产生相当大的影响, 因为生物燃料的需水量可以比传统燃料多两个数量级(见图 1.8)。如表 1.5 所示, 主要生物燃料作物可能每升燃料需要 750—10 000 升水。第 2 章和第 3 章会进一步讨论使用不同类型燃料(例如, 飞机的生物燃料开发和利用、电气化的地面交通、度假村的太阳能设备)对旅游部门用水的影响。

表 1.5　生物燃料作物的指标产量和用水需求

农作物	燃料产品	年收益率（升/公顷）	能量产量（吉焦/公顷）	潜在的作物蒸散量（以毫米为单位）	蒸散量（升/升燃油）	灌溉或雨养生产	实际雨养作物蒸散量（以毫米为单位）	灌溉用水（以毫米为单位）	灌溉用水（升/升燃料）
甘蔗	乙醇（来自糖）	6000	120	1400	2000	灌溉/雨养	1100	600	1000
甜菜	乙醇（来自糖）	7000	140	650	786	灌溉/雨养	450	400	571
木薯	乙醇（来自淀粉）	4000	80	1000	2250	雨养	900	—	—
玉米	乙醇（来自淀粉）	3500	70	550	1360	灌溉/雨养	400	300	857
冬麦	乙醇（来自淀粉）	2000	40	300	1500	雨养	300	—	—
棕榈油	生物柴油	6000	193	1500	2360	雨养	1300		
油菜籽/芥末	生物柴油	1200	42	500	3330	雨养	400	—	—
大豆	生物柴油	450	14	500	10 000	雨养	400	—	—

注释:1 吉焦/公顷 = 277.8 千瓦。

资料来源:UN Water(2014)。

资料盒1.4　水的成本

政府对水价及如何节约水成本的认知与理解,将极大地影响组织、企业和个人如何使用和保护水资源。安尼斯费德(Anisfeld,2010:2476-2477)充分描述了这种情况。

有些人认为水应该是免费的。毕竟作为水文循环的礼物,它从天空中降落,从坡上流到我们跟前,没有任何成本。如果自然水域属于公众,那么水公用事业怎样才能不向本该属于我们的东西收费呢?

然而,在反思时,大多数人意识到,从他们的水龙头流出的水不同于从天空落下的。水务公司必须抽取水、处理水并输送水,所有这些都要花钱。此外,水务公司必须建造和维护基础设施——泵站的分支系统、处理设施、蜿蜒万里的管道系统、成千上万的水表,维持这些是笔不小的花销。

从经济角度看,水的理想价格将等于供水的边际成本(包括供应成本)和原水的价值,通常表示为机会成本,即水用于其他目的的价值。然而,这个表达存在一些问题,水与许多其他自然资源不同:

- 水显然是生命的必要条件。
- 输水是一种自然的垄断。
- 水有价值,例如难以评估的生态价值,即人类将水用于其他目的而导致被断绝水源的物种灭绝的代价。
- 水一般是公共自然资源。

正如 Anisfeld(2010: 248)所说:"如果不把原水输送给公用事业,我们如何向客户收取水的边际成本(包括原水的价值)。"

4. 未来的水

水资源稀缺预示着未来水冲突将增加,人口增长将使问题更严重。随着全球经济的增长,气候变化问题也将日趋加剧。未来会有更多的水冲突(联合国前秘书长潘基文,2008 年 1 月 24 日)。

正如本章强调的,越来越多的科学和政府评估引起了人们的关注,随着世界人口和经济的增长,人类需要更多的粮食、能源、住房和基础设施,这导致农业规模的扩大,因此全球水需求将在未来几十年显著增长。最终,人口增长以及高能耗生活方式造成了这一结果。如上所述,到 2050 年,全球食物消费量预计将增加 60%(Alexandratos & Bruinsma, 2012)。而在能源方面,联合国水机制(2014)得出结论,即使有促进可再生能源的政策,也无法改变对化石燃料的依赖,化石燃料预计将继续主导能源供应。只有在一些经合组织国家,能源需求预计不会显著增加,石油、煤炭和某些情况下核能的使用将减少(IEA,2012)。这些趋势以及制成品消费的增加将对水资源已经紧张的区域带来更大压力。例如,克利森等(Cleeson et al., 2012)报告,估计目前地球含水层的20%被过度开发,全球地下水抽采率每年增加1%—2%(WWAP, 2012)。因此,地下水供应正在减少,而涉及海水淡化的高耗能淡水生产正在不断增加(UN Water,2014)。如图1.10所示,这将导致已经缺水地区的压力增加。例如,印度已经被公认为一个水资源紧张的国家,而中国的水资源供给也很"脆弱"。这两个国家人口一共占世界人口的1/3以上,预计到2030年,也将成为国际和国内旅游业增长最快的地区(UNWTO,2012)。

　　水安全越来越影响企业的战略业务决策,包括生产设施选址、供应链采购和其他长期投资(Carbon Dislosure Project,2012;Ceres,2009;Ernst & Young,2012;JPMorgan,2008;LIoyd's,2010;WWF,2014)。虽然有进一步了解水危机对商业的影响及针对那些会受到水资源短缺影响的市场采取强化措施以维持商业的明显趋势,但是很少有在旅游业中考虑水安全与成本的趋势。源源不断地有民间旅行组织和消费者游说政府,对在国外经营的国内旅游公司实行更严格的用水法规(包括"超越度假村"的以社区为基础的观点),这些组织及消费者运动对政府造成的压力不断增加。尽管如此,水资源利用方式、效率和未来缺水的趋势仍是旅游投资和新兴发展战略的盲点。

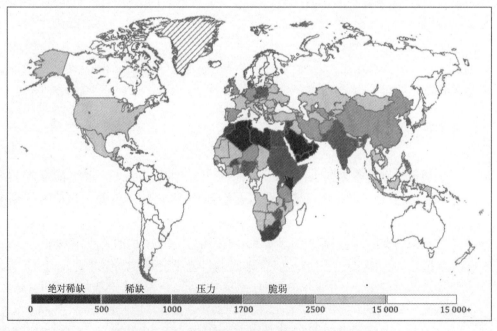

图1.10　2012年可再生水资源总量(人均立方米/年)

拓展阅读

对全球水资源问题的概述包括：

1. Anisfeld，S.G.（2010）*Water Resources*. Washington，DC：Island Press.

2. Tourism Concern（2012）*Water Equity in Tourism：A Human Right，a Global Responsibility*. London：Tourism Concern. http：//www.ircwash.org/resources/water-equity-tourism-human-right-global-responsibility.

3. UN Water（2010）*Climate Change Adaptation：The Pivotal Role of Water*. New York：United Nations. http：//www.ircwash.org/resources/water-equity-tourism-human-right-global-responsibility

4. UN Water（2014）*Water and Energy. The United Nations World Water Development Report* 2014.New York：United Nations. See http：//unesdoc.unesco.org/images/0022/002257/225741E.pdf.

关于水足迹的材料包括：

1. Hoekstra，A.Y.，Chapagain，A.K.，Aldaya，M.M. and Mekonnen，M.M.（2011）The Water *Footprint Assessment Manual：Setting the Global Standard*. London：Earthscan.

2. Hoekstra，A.Y.，Mekonnen，M.M.，Chapagain，A.K.，Mathews，R.E. and Richter，B.D.（2012）Global monthly water scarcity：Blue water footprints versus blue water availability. *PLoS One* 7（2），e32688.

3. Ridoutt，B.G. and Pfister，S.（2010b）Reducing humanity's water footprint. *Environmental Science and Technology* 44（16），6019–6021.

第 2 章　旅游和水之间的关系

随着全球可用淡水资源日趋紧张（WWAP，2012；见第 1 章），水资源在旅游业中的消耗问题受到越来越多的关注。比如，世界旅游组织（UNWTO，2013b）、联合国环境规划署（UNEP，2011）、经济合作与发展组织（OECD，2013）多次呼吁在旅游业中减少水资源消耗量，但对水资源利用模式的理解只有合理且基于事实，这件事才可行。

水资源利用在很多角度都被研究过，所有研究都在水资源管理上提出了重要的见解。关于水资源在旅游业中的研究，最主要关注旅游目的地和宾馆的直接耗水和间接耗水，通常从应用管理的角度，衡量、理解以及更有效地利用水资源。在这样的研究中，结果通常都是关于每个游客或者游客每晚用水量的测量（Bohdanowicz & Martinac，2007；Essex et al.，2004；Gössling et al.，2012）。另外，很少一部分研究探讨旅游业在水资源的地区转移中所扮演的角色（Cazcarro et al.，2014），相关的研究还考虑了水资源的可持续影响，包括水资源匮乏、旅游业与其他经济部门或与当地居民对水资源利用的竞争（Cole，2012，2013；Gössling，2001；Hadjikakou et al.，2013a；Page et al.，2014；Tourism Concern，2012）。

作为水资源利用的结果，污水和废水也引起关注。污水没有被处理或者处理不当，可能致使营养物质和污染物被排放到含水层或沿海水域，进而导致水域富营养化。废水中可能含有肥料剂和除草剂，它们可能被用于酒店花园或者高尔夫球场（Gössling，2001；Shaalan，2005）。最后，由于它们之间相互关联，水资源管理作为减少水资源需求的一种工具也引起了高度关注（Gössling et al.，2012；OECD，2013；UNEP，2011）。因此，以下部分详细探讨全球旅游业相关用水可持续的 3 个重要方面：①水资源利用的时间性和空间性；②水质的变化；③水资源利用的竞争性。

1. 水资源利用的空间和季节集中性

尽管人们在家里也使用水，但是强有力的证据表明，旅游活动引起人均耗水量增加，在不同大陆和地区之间的总的用水量各不相同，以及旅游用水主要集中在同一时间段，通常是旱季（Gössling et al.，2012）。旅游业用水量的估算将在第 3 章中提到。不管是按国籍、酒店类型或者是活动类型，都没有游客水资源直接消耗量的数值估算。因此，只能得到全球人均用水量的数值，包括室内、泳池及灌溉消耗量在内。这种人均用水量每天可能会超过 350 升。家庭生活用水量变化幅度大,在世界很多地区人均水资源每天低于 10 升(UNDP, 2006;如表 2.1 所示)。在世界上只有少数国家每日的平均生活用水量高于普通的游客,例如:墨西哥、日本、意大利、澳大利亚和美国。就全球平均水平来说,联合国粮食及农业组织认为人均生活用水量为每天 161 升(FAO, 2011b)。然而,这种高用水量需求很有可能是因为花园的灌溉或家中的游泳池,即使人们度假时这些地方的用水仍在进行。

表 2.1　人均用水量

国家	每人每天平均用水量(升)	每人每年淡水资源抽取量(立方米 / 年)
美国	575	1583
澳大利亚	493	1152
意大利	386	789.8
日本	374	714.3
墨西哥	366	700.4
西班牙	320	698.7
挪威	301	622.4
法国	287	512.1
奥地利	250	454.4
丹麦	210	118.4
德国	193	391.4
巴西	187	306.0
秘鲁	173	787.6
菲律宾	164	859.9
英国	149	213.2
印度	135	613.0
中国	86	409.9
孟加拉国	46	238.3
肯尼亚	46	72.96
加纳	36	48.82
尼日利亚	36	89.21
布基纳法索	27	54.99
尼日尔	27	70.53
安哥拉	15	40.27
柬埔寨	15	159.8
埃塞俄比亚	15	80.5

续表

国家	每人每天平均用水量（升）	每人每年淡水资源抽取量（立方米/年）
海地	15	134.3
卢旺达	15	17.25
乌干达	15	12.31
莫桑比克	4	46.05

资料来源:每人每天(1998—2002年):UNDP(2006);人均淡水抽取(生活、工业和农业用水的总和)(最新数据):CIA(2014)。

　　世界上主要的旅游流涉及6个地区:北美洲、加勒比海、北欧和南欧以及亚洲东北部和东南部(UNWTO, 2013b)。图2.1显示,2002年这些旅游流的数据占据7.15亿国际游客的86%。2002年,来自欧洲境内的国际游客占到58%,来自亚洲东北部和东南部的占16%,来自北美地区的占12%,在这些地区中,欧洲的3.5亿国际游客来自欧洲,0.92亿来自美洲,0.88亿来自亚太地区。因此,洲际和主要的地区间旅游流包括:北欧到地中海(1.16亿)、北美洲到欧洲(0.23亿)、欧洲到北美洲(0.15亿)、东北亚到东南亚(0.1亿)、东北亚到北美洲(0.08亿)、北美洲到加勒比海地区(0.08亿)。这些旅游流的分布在过去10年间发生了一些变化,尤其是在亚洲和中东地区,然而有迹象表明,正是旅游业的变化使水资源发生了转移(Gössling, 2005)。正如数据显示,游客可能在洲际或地区范围内,使水资源消耗从水资源丰富的地区转移到匮乏的地区,即从北欧到南欧,从欧洲、北美洲到加勒比海地区,从内陆地区到沿海地区(Eurostat, 2009)。然而,考虑到对旅游地减少的实际用水量和生活用水量认识有限,这个数据只能说明旅游带来了潜在水资源数量和水资源在地理上的再分配情况。

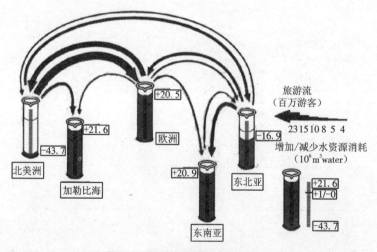

图2.1　区域之间用水量的变化

资料来源:Gössling(2005)。

如果考虑到隐含在燃料和食品中的水资源,旅游业的整体影响将变得更加复杂。目前还没有关于全球水供应问题以及某些面临水资源压力的生产领域可能会产生的更多水资源短缺问题所导致影响的研究。然而,旅游业和酒店业很大程度上依赖于规模经济,食品往往来自世界市场,只关注大规模生产,很少考虑到环境因素(Gössling & Hall, 2013)。这将导致一些国家进口含水的食物,同时也向其他国家出口含水的食物。例如,哈吉卡口等(Hadjikakou et al., 2013a)已经展示了在 5 个不同的假日场景,基于需求视角,特定餐饮的食物水足迹如何导致水的净进口,以及由于本地区生产不需要而节省下来的水。

因此,全球旅游业的生产链以及购买行为是否将不利于更有效或恰当地使用水,这取决于更广泛的水资源政策的目标是什么(假设存在这一广泛的水资源政策目标)。例如:卡兹卡罗等(Cazcarro et al., 2014)已经表明,这对国家旅游经济至关重要,同时评估了西班牙旅游业净水足迹。通过纳入旅游业消费的商品和产品中隐含的水,加上进口的水并减去出口的水,Cazcarro 等认为,西班牙旅游产业体系每年需要 6.9 立方千米的淡水。这个例子说明,旅游业在国家以及全球范围内如何依赖从其他行业投入的商品中隐含的虚拟水(Briassoulis, 1991),同时也意味着地区间的水消耗正在大规模转移。

旅游业不仅在空间上具有集中性,在时间上也具有集中性(Hall, 2005)。季节性旅游需求的影响意味着许多目的地的旅游高峰期可能会在旱季,这个时候降雨减少甚至不降水,天气也会更热,水资源的使用受限制(Eurostat, 2009; Gössling, 2001; WWF, 2004)。有关时间集中性的信息比较分散,但是地中海一些地区的统计显示,当地居民与游客的比例以一年一个数量级的速度不断变化,游客的数量甚至超过当地人的 6 倍(Eurostat, 2009)。例如,在巴利阿里群岛,1999 年的旅游旺季(7 月)水资源的消耗相当于整个地区人口一年消耗量的 20%(De Stefano, 2004)。据报道,在法国一些旅游地区,七、八月的耗水量比全年平均用水量高出 260%(IFEN, 2000)。这样的统计数据通常不包括大量一日游游客在旅游地的水需求。在降水主要发生在冬季的地区,比如地中海,这可能意味着水的可用性和使用间的关系是相反的(Essex et al., 2004; Gikas & Tchobanoglous, 2009; Kent et al., 2002)。

卡伦等(Cullen et al., 2003)研究了游客与新西兰阿尔罗瓦第二家庭旅行地,他们发现,旅游部门水资源使用份额在 1999 年 8 月至 2002 年 10 月期间平均比例为 14.7%,但是一个月实际用水量的变化范围为 5% 到 41%。在阿尔罗瓦,旅游部门夏季水资源的需求量占整个需水量峰值的 60%。

坦桑尼亚桑给巴尔,已经统计出降雨量与游客到访量之间的关系(Gössling, 2001)。其他旅游目的地(如希腊)也可仿效这一做法。如图 2.2 所示,可以看出 7 月和 8 月到访者最多,然而 7 月和 8 月降雨量却最少,这时含水层的压力无疑增加

（Gössling，2001）。在旱季水资源需求量很高的地方，例如，塞浦路斯，通常是采取混合解决的方案，比如冬季用大坝和水库储存水或者从岛上更潮湿的地方调水。然而，这些方案导致的结果是不可持续发展，例如关注海水淡化和沿海含水层的过度开采（Koundouri & Birol，2011）。不可持续的水供应，可能会导致需要使用更多的能源，或者沿海海水倒灌进入陆地的含水层（Gössling，2001）。因此，旅游旺季时尤其要考虑水资源管理和基础设施的成本，因为旺季只能通过基础设施投资来解决人口暴增的需求，而这些基础设施在其余时间却没有被充分使用（De Stefano，2004）。

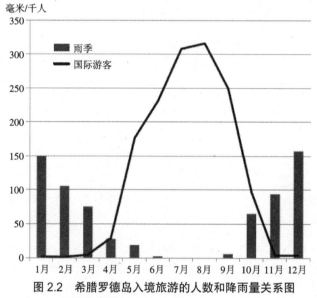

图 2.2　希腊罗德岛入境旅游的人数和降雨量关系图

资料来源：基于欧洲旅游（2010）和希腊国家气象局（2014）的数据。

　　尽管水资源利用程度、固定水资源消耗、弹性水资源消耗存在一定影响，但是旱季水资源的可用性和利用之间的相互关系相对而言比较容易理解（Gössling et al.，2012）。旅游基础设施正常运行需要特定数量的水，这种情况被定性为"固定水"（Gössling，2015）。例如，一个游泳池一旦建起来，就需要填充水，不管最初填充的水，还是随后补充代替已蒸发的水。同样，一旦特定的资源，像高尔夫球场和花园作为旅游产品的一部分已经被建立起来，它们就需要大量的水资源，在干旱时期，为了维持特殊的标准，经常需要进行网状灌溉。这种直接用水不能低于最低标准，因为它要提供旅游产品，以达到游客期望的质量。因此，从水资源管理角度而言，固定水的使用是有问题的，因为它影响一个季节的直接用水率，导致淡季每日人均用水量相对较高和宾馆入住率降低（如图 2.3 所示；Antakayali et al.，2008）。

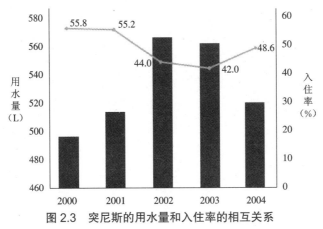

图 2.3 突尼斯的用水量和入住率的相互关系

资料来源:Eurostat(2009)。

资料盒 2.1 阿尔加维高尔夫球场的用水需求

高尔夫球场是葡萄牙南部阿尔加维地区吸引顾客旅游和度假的重头戏。这里冬季气候温和多雨,夏季炎热干燥,年平均气温为 14 摄氏度,年降水量不超过 500 毫升。因为大多数降雨在冬天,所以每年其余的几个月就需要灌溉,满足高尔夫球场用水量,滋养球场的草地以及球道。阿尔加维 40 个球场每年大约需要的灌溉水量达到0.18 亿立方米。几乎所有高尔夫球场都采用钻孔喷淋水。

加戈·佩德拉斯等(Gago Pedras et al, 2014)研究了 30 年的气象数据,以及美国陆地卫星拍摄的长期系列图像,明确了植被状态的变化,记录了球场水资源管理方式的变化。他们发现,尽管水资源消耗量从 1980 年起已经增长了 5 倍,但高尔夫球场的耗水量却在减少,因为采用了更有效的节水方法:需水量更少的种草技术,管理土壤以提高含水量,频繁检测农业气候参数,水资源的来源范围更广。"不灌溉策略"也正在实施,这指的是,当草坪维护员和球员们意识到最干旱的时期,过于茂盛的草坪和高尔夫球道不适合灌溉的时候,也可以接受草坪质量下降。Gago Pedras 认为,那些了解这些问题并同意需要节约用水的球员,应该能接受在有点发黄的草坪上打高尔夫球(Amos, 2014)。

2. 竞争性用水

旅游业通常被认为是劳动密集型产业,需要的技能有限,因此往往受到青睐,特别是在较贫穷的国家,旅游业被看成一个经济发展的机遇(Zapata et al., 2011)。因此,旅游业经常受到税收优惠的支持,也有报告称旅游业由于资源分配方面优于其他部门而受青睐,包括土地和水资源(Hall, 2008)。这种有倾向性的分配可能会因为其他方面的资源利用而变得更加严重,比如:旅游业通常比其他经济部门有更高的购买力,就水资源强度而言,旅游业和其他行业之间的竞争很可能发生在发展中国家的沿海地区或农村地区,在那里,旅游业可以直接与农业或生活消费竞争(Rico-Amoros et al., 2013)。例如,据报道,西班牙旅游业增加的用水量高达农业的 60 倍以上(Auernheimer & González, 2002; Downward & Taylor, 2007)。旅游业具有相当高的购买力,因此旅游业可以超过农业,尽管这可能还包括其他水电供应等行业。例如,欧洲统计局(2009:9)指出在地中海高温的夏季,"农业、水电供应和居民消费"之间存在水资源使用矛盾和冲突,酒店有时会被优先考虑供水。

人们正在逐步认识水资源分配中的公平问题。例如,坦桑尼亚桑给巴尔的游客人均每天用水量(每个游客每天的用水量为 685 升)约是当地居民(每天人均用水量为 48 升)的 14 倍。在塞浦路斯,游客平均每天大约消耗 465 升的水资源,然而当地居民每天的人均水资源消耗量仅为 222 升(Iacovides, 2011)。类似的问题在西班牙的兰萨罗特岛也有报道,游客消费的水资源比当地居民多 4 倍(Medeazza, 2004);同样,在印度尼西亚,巴厘岛上的村民要步行 3000 米去采集水,然而岛上的高尔夫球场每天要使用约 300 万升水(Tourism Concern, 2012; Cole, 2012、2013)。在几个加勒比岛屿也存在类似的问题,这些地区只有非常有限的水供应当地居民,却要考虑在缺水流域发展高尔夫旅游或邮轮旅游。

在国家之间,水资源的冲突可能更加严重。众所周知,中东地区的水资源长期以来都非常紧张,以色列、约旦、巴勒斯坦、埃及以及黎巴嫩、叙利亚部分地区在水安全问题方面极易发生冲突(Hall et al., 2004; Lipchin et al., 2007)。尤其是以色列和巴勒斯坦,水资源稀少,需要从加利利海用泵取水,而约旦河和死海水量不断枯减,也造成了它们与约旦的紧张关系,因为约旦依赖的也是这些水源(Eurostat, 2009),如图 2.4。

图 2.4 约旦河西岸的 Biankini 死海海滩

注:近年来由于上游的取水,死海水位以每年约 1 米的速度下降。这意味着在海边的一些旅游基础设施现在离海有一段距离。

3. 水资源的质量

旅游业依赖高质、理想的饮用水质来满足旅游者对水安全的期望。然而,旅游业也会因为废水和污水的排放影响水质,包括一些营养物质和其他污染物,如含氯泳池水或在清洁厨房过程中用于溶解油脂的化学物质(Kuss et al., 1990; Lazarova et al., 2003)。这些物质对生态系统的影响取决于诸多因素,比如它们的相对浓度、洋流电溶解以及排放区域浓度。例如,营养物质的排放在热带地区尤为关键,因为在热带地区沿海水域的营养成分通常很匮乏(D'Elia & Wiebe, 1990)。随着营养物质排放量的增加,生物量通常会增长,特别是藻类,这可能会影响生态系统,以及导致游客有负面看法(Englebert et al., 2008; Tomascik & Sander, 1986)。2013 年,在瑞典南部的藻类大量繁殖事后调查中,尼尔森和戈斯林(Nilsson & Gössling, 2013)发现只有不到 1% 的人认为这完全不成问题。据报道,有 2% 的旅客缩短逗留时间提前回家, 4% 的人缩短在受影响区域的逗留时间,转移目的地,10% 的人改变行程。最重要的是, 11% 受访者说海藻在一定程度上已经影响到他们,他们以后会选择其他旅游目的地。

正如上文所述,海洋藻类的生长与水质密切相关,然而在世界上最重要的旅游地区——地中海,居民和游客产生的所有废水中只有 80% 收集在污水管网中,其余的污水被直接或者间接地排放掉(Scoullos, 2003)。更可怕的是,似乎只有一半的污水管网连接到真正的废水处理设施,未经处理的污水被直接排入大海。据估计,2001 年地中海地区超过一半的大型海滨城市(人口 >100 000)没有污水处理系统(UNEP, 2001),只有 10% 的城市拥有初级污水处理系统, 38% 的城市拥有二级污水处理系统,以及 4% 的城市拥有三级污水处理系统(Hall, 2006)。此外,旅游设施选址不当,在海滩、沙丘体系以及湿地建基础设施等,都加剧了废水带来的影响。联合国环境规划署(UNEP, 2001: 14)指出,大众旅游加剧了城市化的影响,"导致许多野生物种栖息地消失"。据估计,自罗马时期已经减少了湿地面积约 300 万公顷,其中自 1950 年起减少了 100 万公顷。这些损失带来的影响是不可小觑的,因为湿地可以作为废水的天然过滤器,并且具有很多其他环境和经济效益。

旅游业会产生相当多污水和废水,而且这些废水通常集中在小区域范围。例如,2003 年,香港酒店业估计已产生超过 0.12 亿立方米的污水。在热带地区,污水直接排放到大海会造成严重后果,在营养贫乏的水域,污水严重影响水域的养分浓度,导致藻类生长。然而在一些地区,旅游有助于提高水的质量,比如为处理当地社区废水而建立污水处理系统,或为满足游客对更高水质的期望而建立处理系统,如图 2.5 所示。

图 2.5 坦桑尼亚桑给巴尔的丛林酒吧中有一个高效用水的小便池

注:不同于家庭设计的设备,这个现代小便器根本不需要水冲洗,而且没有气味。在全世界的丛林和沿海地区,仍有一个主要问题,即废水不经处理排入海洋或渗入地下。旅游业产生相当多的污水,集中在小范围区域,若该地区养分浓度较低,如热带,少量的污水甚至会影响整个沿海的环境。

国家水资源利用水平及特点

早期旅游水资源的评估主要集中在直接水的使用,据推测,在全球范围内,旅游中水资源的使用不是多重要的因素,因为旅游业大约只消耗淡水 1 立方千米(Gössling, 2002)。在最近的研究中,这一结论已被修改,因为间接水的使用远远超过直接水的使用。例如,卡兹卡罗等(2014)计算出西班牙旅游业净水足迹,包括在这个国家旅游业中所有商品消耗的水资源,并排除了出口的水资源。他们的结论是:西班牙仅旅游系统每年就消耗了 6.9 立方千米淡水,如果只考虑到直接的淡水使用,那么旅游中水资源的需求被低估了。鉴于此,之前公布的结果可能需要重新考虑。例如,文献中只有一篇文章显示旅游在该地区直接用水方面占据显著份额。齐藤(Saito, 2013)计算出夏威夷岛的直接耗水量占岛上总用水量的 44.7%。在所有其他国家,直接水资源的使用量比例相当低。在塞浦路斯两个独立的研究中,与旅游相关的国内水资源消耗比例范围约为 15.2%(Gössling et al., 2012)—16.9%(Iacovides, 2011)。对于大多数其他国而言,直接水的使用份额似乎相当低。戈斯林等(2012)发现,他们分析的 55 个国家中,国内旅游和国际旅游总共生活用水的份额占比天差地别,从毛里求斯的 40% 到加拿大、乌克兰和罗马尼亚的不足 1%。尽管如此,在 22 个国家中,旅游业占了生活用水量的 5% 以上,这一实情不容忽视。表 2.2 中显示了一些国家旅游用水占国内用水的比例,他们是排名前十的国际旅游目的地国家(依据 2013 年入境人数)、一些岛屿及半干旱国家。在几个岛屿和半干旱国家(毛里求斯、塞浦路斯、马耳他、巴巴多斯)中,旅游业占国内用水的份额比较高,但是其他地方(佛得角、墨西哥、埃及)的占比要比西班牙和法国低(如表 2.2 所示)。

表 2.2　主要目的地国家的旅游部门用水情况

	国内旅游用水占国内用水量份额(%)	国际旅游用水占国内用水量的份额(%)	居民用水占国内用水量的份额ᵃ(%)	2010 年旅游业所占GDP 比重ᵇ(%)
十大国际目的地(人数)				
法国	6	4	10	3.6
美国	2	<1	2	1.3
西班牙	6	6	12	5.2
中国	3	<1	4	1.7
意大利	4	2	6	3.2
土耳其	3	1	4	3.6
德国	4	1	5	3.5
英国	4	2	6	3.5
俄罗斯	1	<1	1	2.4
泰国	5	1	6	9.5
主要的小岛屿发展中国家和半干旱地区的目的地				
毛里求斯	20	20	40	16.8
塞浦路斯	2	17	19	15.2
马耳他	2	12	14	17.9
巴巴多斯	3	10	13	26.0
希腊	4	5	9	5.9
佛得角	3	3	6	26.3
以色列	5	1	6	3.4
摩洛哥	2	1	3	8.7
埃及	2	<1	2	4.6
墨西哥	1	1	2	1.7

资料来源:a 改编自 Gössling et al.(2012),b 世界经济旅游与竞争力指数(2013)数据分析仪(http://www.weforum.org/issues/travel-and-tourism-competitiveness/ttci-platform)。

表 2.2 还说明了在这些选定的国家中,旅游业用水产生的经济价值。许多国家旅游业产生的 GDP 比例与旅游业消耗的国内用水量的比例都小于 1∶1,然而有些国家比例大于 2∶1(埃及 4.6∶2;巴巴多斯 26∶13)。这类经济比较将变得越来越重要(见第 5 章),因此我们需要深入研究为什么存在这些差异,以及国家如何提高旅游经济活动中水资源的利用率。

尽管学者已经计算出旅游业的直接用水量占国内用水的比例不到 5%,但如果算上隐含水或间接用水,这一比例可能会增大不少,特别是在水和旅游的热点地区,像在加勒比海岛屿和地中海国家(Clarke & King,2004;Gössling et al.,2012;Hadjikakou,2014)。因此,水资源管理不仅需要考虑到直接水和间接水,也需要考虑到绿水、蓝水和灰水,以及这些水是否属于消耗性的。如图 2.6 所示,假设一个旅游目的地用作案例来阐述这个问题,旅游中消费的产品(例如地方食品)需要当地的水资源,包括雨水和地表水用于灌溉。一部分水会蒸发或蒸腾,不再属于当地的水文循环。另一部分水隐含在产品中,这些产品被消费,然后作为灰水进入水循环中,这部分灰水再经过处理,或部分被重复使用,或作为污水(黑水)排放。然而,旅游地使用的水,有相当大一部分是进口的,有一小部分作为灰水进入该旅游目的地的水循环中。

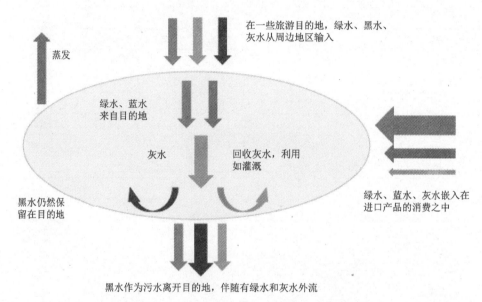

图 2.6　目的地的水通量:蓝水、绿水、灰水和黑水通量

4. 结论

尽管未来水资源利用会变得更有效,但在绝对和相对范围中,整体的水资源消耗量会明显增加。例如,沃罗斯马蒂等(Vörösmarty et al.,2000)认为,到 2025 年全球用水量每年将达到 4700 立方千米,其中旅游业用水量接近 4%(175 立方千米;Gössling & Peeters,2014)。然而,这个数据没有考虑到相当一部分用水情况,在一些早已面临水资源短缺压力的地区,水只是抽象概念,并不能计入数据(Cazcarro et al,2014)。由于城市化进程和气候的变化影响(见第 5 章),水资源问题变得更加严重,在这种情

况下,旅游业能否高效利用水资源以及限制废水生产就显得尤为必要。为了更好地了解如何完成这个重任,下一章会讲解并分析旅游业对水的消耗及废水的影响。

拓展阅读

旅游与水的资料包括:

1. Cazcarro, I., Hoekstra, A. Y. and Sánchez Chóliz, J. (2014) The water footprint of tourism in Spain. *Tourism Management* 40, 90-101.

2. Gössling, S. (2001) The consequences of tourism for sustainable water use on a tropical island: Zanzibar, Tanzania. *Journal of Environmental Management* 61 (2), 179-191.

3. Hadjikakou, M., Chenoweth, J. and Miller, G. (2013a) Estimating the direct and indirect water use of tourism in the eastern Mediterranean. *Journal of Environmental Management* 114, 548-556.

污水与废水的研究包括:

1. Chan, W. W. (2005a) Partial analysis of the environmental costs generated by hotels in Hong Kong. *International Journal of Hospitality Management* 24 (4), 517-531.

2. Chan, W. W. and Lam, J. C. (2001) Environmental costing of sewage discharged by hotels in Hong Kong. *International Journal of Contemporary Hospitality Management* 13 (5), 218-226.

3. Chan, W. W., Wong, K. and Lo, J. (2009) Hong Kong hotels' sewage: Environmental cost and saving technique. *Journal of Hospitality and Tourism Research* 33 (3), 329-346.

以目的地为基础试图汇总水资源利用与废水的研究包括:

1. Cullen, R., Dakers, A., McNicol, J., Meyer-Hubbert, G., Simmons, D. G. and Fairweather, J. (2003) *Tourism, Water and Waste in Akaroa: Implications of Tourist Demand on Infrastructure.* Tourism Recreation Research and Education Centre (TRREC) Report No. 38, Lincoln: Lincoln University.

第 3 章　测量旅游用水

如第 2 章所述,旅游业水资源消耗通常测量的是酒店,而且主要集中在水的用量方面(Styles et al.,2015)。例如,关于旅游用水早期的研究,将总用水量除以客人数和过夜天数得到每个旅客每天的用水量(Gössling,2001;Grenon & Batisse,1991)。这样测量水资源消耗量是标准做法,因为酒店是水资源利用的主要场所,通常不进行更详细的测量。然而,如第 2 章所示,当考虑维持旅游系统所需的所有用水时,水消耗测量就变得更加复杂。图 3.1 区分了旅游用水的 3 个主要方面,包括直接用水、间接用水和系统用水。直接用水是指在酒店现场使用的水,包括花园、草坪或高尔夫球场的灌溉;填充水池和过滤器反洗;室内用水,如淋浴和浴缸用水,马桶冲洗和自来水,洗衣、清洁以及厨房用于制备食物的水。间接用水,也称为"完全"或"隐含"水,是指以食品、能源、酒店基础设施、购物、服务、活动、营销和销售等形式引入的水(见第 2 章)。最后,系统性水利用是指其他产生水"成本"的旅游生产系统,例如建设道路或游艇停靠区或运送雇员。下文提供了关于这些用水类型的详细信息。

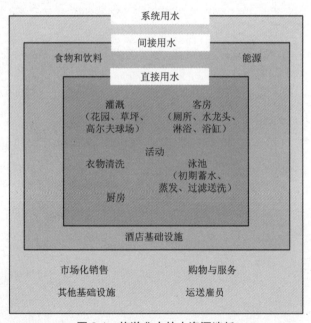

图 3.1　旅游业中的水资源消耗

资料来源:作者自绘。

1. 直接用水：住宿

大多数关于旅游用水的研究，总结的住宿用水是基于每个旅客每天使用多少升（Gössling et al.，2012），但邓和伯内特（Deng & Burnett，2002）的一项研究却并非如此，他们基于水利用指数计算水资源利用，测量一年中每平方米楼面用水量达到多少立方米。已经测量过直接用水的地方，水消耗范围跨度非常大，每个旅客每天用水量在 84—2425 升之间，包括室内用水、花园和水池灌溉用水（完整的研究概述见图 3.1）。

尽管全球平均水资源使用值存在不确定性，但对夏季旅游地（Deyà Tortella & Tirado，2011）或如斯堪迪克或希尔顿等连锁酒店（Bohdanowicz & Martinac，2007）的系统综述惊人地一致，综述显示，平均直接用水量超过 300 升／客晚（WWF，2004）。根据当前证据，全球直接耗水量的平均值约为 350 升／天（Gössling，2015）。

如此大的用水值很可能与工作人员有关。例如，拉梅等（Lamei et al.，2009）在对埃及 Sharm El Sheikh 酒店研究的报告中称，员工宿舍里用水量为每人每天 250 升，工作人员每天工作时间用水量为 30 升。这些员工消耗导致酒店用水量估值较高，特别是发展中国家偏远地区的度假酒店，它们可以为工作人员提供住宿。

表 3.1　不同住宿环境每个客人每天的用水量

国家／地区	住宿类型	每个旅游者每天的用水量（升）	参考文献
地中海	大部分酒店	250	Grenon & Batisse（1991），GFANC（1997）
地中海	露营地	145	Scherb（1975），GFANC（1997）
地中海	所有住宿	440—880	WWF（2004）
贝尼多姆（西班牙）	露营地	84	Rico-Amoros et al.（2009）
贝尼多姆（西班牙）	1 星级酒店	174	Rico-Amoros et al.（2009）
贝尼多姆（西班牙）	2 星级酒店	194	Rico-Amoros et al.（2009）
贝尼多姆（西班牙）	3 星级酒店	287	Rico-Amoros et al.（2009）
贝尼多姆（西班牙）	4 星级酒店	361	Rico-Amoros et al.（2009）
希腊	5 星级酒店	338	Gössling（2014）
希腊	5 星级酒店	675	Gössling（2014）
希腊	4 星级酒店	234	Gössling（2014）
突尼斯	酒店	466	Eurostat（2009）
摩洛哥	公寓	180	Eurostat（2009）
摩洛哥	3 星级酒店或别墅	300	Eurostat（2009）

续表

国家 / 地区	住宿类型	每个旅游者每天的用水量（升）	参考文献
摩洛哥	4 星级酒店	400	Eurostat（2009）
摩洛哥	5 星级酒店	500	Eurostat（2009）
摩洛哥	豪华 5 星级酒店	600	Eurostat（2009）
沙瑞者姆（土耳其）	4 星级酒店	400—1000	Eurostat（2009）
沙姆沙伊赫（埃及）	酒店 / 度假村	≤ 500（每张床）	Hafez & El Manharawy（2002）
沙姆沙伊赫（埃及）	5 星级酒店	1410—2190（每房）	Lamei et al.（2006），Lamei（2009）
沙姆沙伊赫（埃及）	酒店	400	Lamei et al.（2009）
桑给巴尔（坦桑尼亚）	待客室	248	Gössling（2001）
桑给巴尔（坦桑尼亚）	酒店	931	Gössling（2001）
桑给巴尔（坦桑尼亚）	酒店和宾馆	685（加权平均）	Gössling（2001）
牙买加	—	527—1596（平均980）	Meade & del Monaco（1999），Bohdanowicz & Martinac（2007），Antakyali et al.（2008）
泰国		913—3423（每房）	CUC & AIT（1998），Bohdanowicz & Martinac（2007）
菲律宾	4 星级酒店	1802（每房）	Alexander（2002）
菲律宾	不明	1499（每房）	Alexander & Kennedy（2002），Bohdanowicz 和 Martinac
中国香港	酒店	336—3198（每房）	Deng（2003）
澳大利亚	酒店	750（每房）	Australian Institute of Hotel（Engineers，1993），Bohdanowicz & Martinac（2007）
澳大利亚	大型酒店	300（每房）	Smith et al.（2009）
墨尔本（澳大利亚）	各种	227—435	City West Water（2006）
美国	—	382—787（每房）	Davies & Cahill（2000），Bohdanowicz & Martinac（2007）
美国	国民住宿调查	545（每房）	1988 年进行的一项调查
拉斯维加斯（美国）	酒店 / 度假村	303	Cooley et al.（2007）
西雅图（美国）	各种酒店	378—1514（每房）	O'Neill，Siegelbaum & RICE Group（2002）
德国	—	90—900（平均340）	Despretz（2001），Bohdanowicz & Martinac（2007），Antakyali et al.（2008）
德国	—	275	Nattrass & Altomare（1999），Bohdanowicz & Martinac（2007）
斯堪的纳维亚	希尔顿连锁酒店	516	Bohdanowicz & Martinac（2007）
斯堪的纳维亚	斯堪迪克连锁酒店	216	Bohdanowicz & Martinac（2007）
诺曼底沿海（法国）	第二住所	102	Langumier & Ricou（1995）

续表

国家/地区	住宿类型	每个旅游者每天的用水量（升）	参考文献
诺曼底沿海（法国）	营地	92	Langumier & Ricou（1995）
诺曼底沿海（法国）	酒店餐厅	259	Langumier & Ricou（1995）
诺曼底沿海（法国）	酒店	175	Langumier & Ricou（1995）
诺曼底沿海（法国）	其他旅游住宿	115	Langumier & Ricou（1995）
诺曼底沿海（法国）	第一住所	114	Langumier & Ricou（1995）

资料来源：基于 Gössling et al.（2012）更新。

如上所述，酒店普遍缺乏详细的最终用水数据，包括花园、游泳池、客房、洗衣房、食物制备（厨房）和其他用途的具体用水量。很多不同的研究从水资源利用不同维度来收集数据，因而导致这种情况进一步复杂化。表 3.2 展示了一项分析研究，该研究按照美国住宿设施的使用模式，对水资源消耗进行细化分析。可以看出，在酒店中，耗水最多的 3 个方面分别是客房、直流冷却和洗衣。不仅如此，值得注意的是，这项研究还让人意识到防止渗漏对于水资源利用的重要性（出人意料的是，旅游业的水资源管理研究或评估中很少涉及这部分）及水资源总利用量中除了有 3.8% 被用于景观和地面维护之外（Polansky et al.，2008），还有很多用水量的用途无法解释清楚，这与一些早期的美国研究（Aulbach，1995）形成鲜明对比。然而，这项研究指出，由于所使用的方法不同，用水量估算的结果也天差地别。

表 3.2　美国住宿设施的耗水量

消费类别	旧金山 [a]（%）	尔湾 [b]（%）	纽约 [c]（%）
客房			29.1
直流冷却			17.4
洗衣房			16.2
冷却/加热			10.1
卫生			6.4
景观			3.8
厨房			3.1
泄漏			0.6
无法解释的部分			13.3
景观用水			3.8
冷却塔	13	12	
景观美化		37	

消费类别	旧金山 a(%)	尔湾 b(%)	纽约 c(%)
厨房		17	
洗衣房	13	9	
淋浴 / 浴缸	47	15	
洗手间	16	8	
房间水龙头	11	2	
总计	100	100	100

注：a 旧金山酒店位于市中心,有 350 个床位,每位客人每天平均消耗水 123 加仑。 这是一个较旧的建筑,公共空间很小,没有餐厅。 该酒店的淋浴用水无限制,厕所水箱储水 5 加仑。

b 加利福尼亚州尔湾是一家拥有 540 间客房,全方位服务的酒店。 酒店配有 5 加仑的冲水水箱和每分钟喷水量达到 3 加仑的淋浴头。

c 以上是纽约市住宅物业的估计数值。

每位客人每天平均消耗 207 加仑水。

资料来源：Aulbach(1995)和 Polansky et al.(2008)。 1 加仑(美)≈ 3.7854 升。

资料盒 3.1　1990 年美国酒店和汽车旅馆协会酒店用水调查

1990 年,美国酒店和汽车旅馆协会(Stipanuk & Robinson, 1995)在酒店行业首次对水资源使用进行研究。这项研究的资料基础是 1800 份问卷调查表中的 408 份有效答卷(如表 3.3 所示为受访酒店的统计数据)。

表 3.3　1990 年美国住宿研究的酒店统计摘要

酒店总数(家)	408
含商业厨房比例	76%
含水池比例	84%
含现场洗衣服务比例	89%
含中央冷冻机比例	50%
含灌溉类型景观比例	51%
含节水方法比例	82%
被占用的房间平均客人数	1.5

资料来源：Redlin & deRoos(1995)。

虽然这些数据有些年头,但统计结果为测量北美及世界其他地方节约水资源的进展情况提供了重要基准。调查发现,美国酒店业在用水模式方面有天壤之别。在平均消费方面,度假村、娱乐场、会议中心类别最高,其次是高级豪华的酒店。用水量的多少与建筑规模、房间数量密不可分,较大的建筑每天可用房间用水量最高(如表

3.4 所示)。

表 3.4　1990 年美国每间客房每天耗水量

住宿类别	排名前 1/4(升)	排名前 1/2(升)	排名前 3/4(升)
<75 间房	269	382	534
75—149 间房	345	469	621
150—299 间房	485	579	746
300—499 间客房	575	697	871
500+ 间房	621	787	961
度假村 / 赌场 / 会议中心	670	961	1257
大会 / 中型市场	473	579	715
有限服务 / 经济型	257	356	511
奢华	742	878	1283
豪华 / 一等	549	659	837
全套房:经济型和高档型	390	526	731

资料来源:Redlin & deRoos(1995)。

1990 年,美国住宿业广泛采用的唯一节水技术是使用低流量淋浴喷头(占所有酒店的 77%),33% 的酒店使用耗水量低的厕所,而调查中没有酒店用灰水冲洗厕所,只有 2% 的酒店使用灰水进行灌溉(如表 3.5 所示)。

表 3.5　1990 年美国采用特定节水方法的酒店设备

节约方法	酒店客房数量					
	<75	75—149	150—299	300—499	≥ 500	所有酒店
低流量淋浴喷头(%)	66	70	81	83	81	77
低耗水厕所(%)	32	27	27	37	44	33
回收洗衣废水(%)	0	0	0	5	17	4
灰水供应厕所(%)	0	0	0	0	0	0
灰水灌溉(%)	0	1	2	4	3	2

资料来源:Redlin & deRoos(1995)。

考虑到酒店每个房间每天的可用水消耗量较高,大酒店的运营商更愿意采取节水方法也就不足为奇。然而,如表 3.6 所示,每种物业和类别的用水量截然不同。

表 3.6　　1990 年美国酒店各类住宿和消费用水量调查的典型案例

酒店类别	现场洗衣服务		厨房		灌溉			冷却塔	游泳池
	每千克衣服的用水范围(升)	占用水总量的百分比	每餐的用水范围(升)	占用水总量的百分比	灌溉时间(月)	升/公顷/天范围	占用水总量的百分比	占用水总量的百分比	占用水总量的百分比
市中心	9.43—35.72	5%—30%	9.24—59.85	4%—25%	4—12	10 102—70 155	1%—11%	6%—21%	0.01%—0.86%
度假区	13.94—29.29	6%—19%	25.29—58.67	3%—18%	7—12	36 490—61 025	14%—44%	1%—11%	0.26%—13.10%
会议酒店	12.27—35.72	10%—30%	9.24—58.60	4%—25%	4—12	10 102—70 155	1%—11%	6%—20%	0.06%—0.12%
中端酒店	8.18—17.27	8%—10%	—	—	12	30 559	25%	9%	0.34%—0.86%
豪华酒店	9.43—19.44	5%—22%	9.08—59.85	10%—22%	5—12	9981—20 784	10%—14%	6%—19%	0.01%—1.96%
郊区酒店	—	—	9.69—52.73	—	12	20 784	14%	6%—19%	0.20%

注:耗水量已经从美国测量单位转为公制。

酒店类别不是互相排斥的。在某些类别中,仅存在一个住宿类别。

资料来源:Redlin & deRoos(1995)的数据。

　　虽然表中没有指出,但在数据收集期间,测量用水量也需要考虑地理位置和气候条件。然而,不同物业的水资源消耗量存在差异,至今为止,这仍是水资源保护研究的一个主题,突出了单独评估每个物业单元的重要性,尽管(水资源消耗量)基准测试方面仍需要大量数据。

　　1990 年的研究还指出了一周之中每天用水和季节性用水的变化。周日和周一是用水量高峰期,而周二和周三是低谷期。总体使用量相当稳定,每天的差异小于18%。相比之下,12 月的用水量最低,8 月最高。根据酒店的位置和类型,用水量波动幅度较大,最低在日平均用量的 23% 左右,最高达到日均使用量的 224%(Stipanuk & Robinson,1995)。

　　不仅每天、每周、每月和每季的用水量有差异,一天之内也有差异,这在 1990 年美国住宿研究中没有提到(在很多关于旅游、酒店和水资源保护的研究文献中少有涉及)。事实上,水和热水消耗的最大差异(伴随能量需求)是由于顾客早晨和晚上需要淋浴及洗澡,这些需求达到最大值时的耗水量可能是日均水流量的 6 倍(Lehr,1995)。然而,需求值将随物业性质及其客户性质而变化,如时间受限的商务旅行者与度假旅游者。此外,从供应的角度来看,淋浴、洗澡和洗涤(早晨和晚上)的用水高峰需求也与酒店厨房的热水需求时间相吻合。虽然洗涤时间和淋浴偏好受文化差异影响不尽相同，但仍然存在早晚水资源需求高峰期。表 3.7 显示了美国住宿设施中热水使用的一些潜在差异。

表 3.7　美国住宿设施中的热水使用情况

类别	平均入住人数（人数 / 房间）	热水特点	使用热水的高峰期	后台要求
豪华	1.2	人均用水量最大	早晚是高峰期；整天使用量较均匀	全餐饮服务；三张床服务；额外的毛巾需求
豪华 / 全套服务 / 一流的	1.2–1.3	人均热水消耗量大；明确的持续高峰期	早晚是高峰期；中午峰值较小；白天很少使用	含三餐；全套浆洗服务；偶尔有优惠
中等规模，全方位服务	1.2–1.3	人均热水消耗量大；明确的持续高峰期	早晚是高峰期；中午峰值较小；白天用水频率较低	含三餐；全套洗衣服务
会议酒店	1.4–1.6	会议期间高峰；类似于豪华酒店	客房用水早高峰和餐后用水高峰	宴会设施；多个厨房；全套洗衣服务
有限的服务酒店	1.1	客房为主要耗水区；会议空间有限	用水早高峰；白天使用较少；适度晚高峰	食物设备有限；套房配有小厨房；有时使用外部服务
高档全套房	2.0	客人停留时间长；用水方式与公寓类似；洗衣房人均用水量更大	晨峰；白天用水适度；晚间高峰——类似于住宅模式	有限的食物设备；套房配有小厨房；全套洗衣服务
经济全套房	2.0–2.2	客人停留时间长；用水方式与公寓类似；消耗量低于高档全套房	晨峰；白天用水适度；晚间高峰——类似于住宅模式	食品设施有限；套房配有小厨房；洗衣房服务从最小到全套不等
度假胜地	1.9–2.4	消耗量较高；一天中耗水量较均匀；滑雪度假村会产生特殊的高峰问题	用水早高峰不确定；傍晚用水量更大	全方位餐饮服务；扩大饮料经营；充分洗衣；额外的毛巾供应负担
会议中心	1.3–1.4	设施的使用与后台不一致	晨峰；白天适度使用	含三餐；全套洗衣服务
赌场	1.3–1.4	晚上是活动的高峰期；浴室 / 淋浴不计其数，因而热水用量很大	晚高峰；整个夜间使用量大	含三餐；广泛的饮料业务；全面洗衣服务；统一清洗大量制服
经济型酒店	1.6–1.8	短暂停留；耗水量低；最低等级的服务 / 设施	许多高峰期；白天使用少；晚间用水比较分散	食品服务有限或无；许多酒店不设洗衣房

资料来源：Lehr（1995）。

（1）花园和草坪用水

有花园、草坪或高尔夫球场的地方，由于灌溉，耗水量巨大，尽管这也要考虑当地的气候、降雨量、蒸散量和植被物种。在干旱地区以及种植高需水量植物的地方，水的需求量通常最高(如图 3.2、图 3.3 所示)。在花园面积比较大的酒店,其灌溉用水量可占酒店总用水量的 50%,而宾馆和其他小规模住宿设施中总用水量和相对份额明显较小(另见图 3.4,源自对坦桑尼亚桑给巴尔的 22 家酒店和宾馆进行调研的结果)。就总用水量而言,赞比亚的酒店每位游客每天平均消耗 465 升水用于灌溉,而在宾馆每位游客每天用水只有 37 升(Gössling,2001)。可结合事实解释造成这种差异的原因,即除几个盆栽植物外宾馆通常没有花园;然而,酒店不得不针对当地土壤储存能力差、蒸发量高,而且开花植物物种不适应当地气候条件等问题采取措施。另一项对希腊罗德岛酒店的研究,测量了酒店每天用于灌溉耗水量,得到结果为每位游客 75 升(Gössling,2015)。

图 3.2 气候干燥时,大面积草皮变为水密集型

注:在温暖气候条件下,度假酒店进行灌溉,这是当地水资源消耗直接或最重要的因素。

图 3.3 灌溉草坪的灰水池

注:它是毛里求斯糖海滩度假村一道亮丽的风景线。

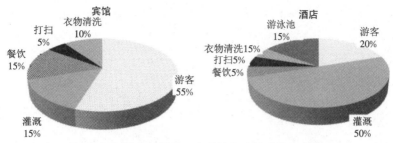

图 3.4 坦桑尼亚桑给巴尔最终用途的用水分布图

资料来源：Gössling（2001）。

应该注意的是,许多咨询机构确定了不同的用水分布,考虑到测量存在相当大的不确定因素,这些结果是否有效仍然不清楚。例如,史密斯等人（2009a）报道,在澳大利亚的酒店,客房耗水最高（42%）,其次是厨房（16%）、洗衣房（15%）、公共厕所（12%）、冷却塔（10%）、灌溉（3%）和游泳池（2%）。注意,该研究没有提供绝对用水量的数据。同样,土耳其伊贝罗特尔沙瑞吉姆（Iberotel Sarigeme）公园酒店的水资源利用研究中,厨房和洗衣房的用水量最大（30%）,其次是游泳池（20%—25%）和客房（12%）（Antakyali et al,2008）。

（2）游泳池用水

对游泳池水资源利用的研究,通常未能评估水资源消耗的各个方面,即①游泳池的初始充水量;②每天蒸发和再填充的水量;③通过反洗清洗游泳池过滤器（清洗过滤器的反向抽水过程）的水量（如图 3.5 所示）。对希腊罗德岛 3 家酒店的游泳池用水量研究中,Gössling（2015）发现,酒店游泳池的初始充水量为每人每晚 7—40 升,即初始充水量（游泳池容量）除以游客住宿天数（表 3.8）。

图 3.5 游泳池过滤器的反洗清洗

注:游泳池过滤器需要通过反洗清洗。根据采取的措施,这要消耗相当多的淡水。

表 3.8　希腊罗德岛游泳池和水疗馆的用水量

	酒店 A*****	酒店 B*****	酒店 C*****
泳池面积（平方米）	1645	2065	425
泳池体积（立方米）	2301	无具体数据	420
蒸发 [a]	9870 升 / 天	12 390 升 / 天	2550 升 / 天
过滤器数量	15	12	6
过滤反洗 [b]（大致）	反洗 1 次 / 天, 确切量未知	2.3/ 天	反洗 1 次 / 天, 有时 2 次 / 天, 确切量未知
室内水疗	56 平方米 /84 立方米	80 平方米 / 无具体数据	48 平方米 /41 立方米
每张床对应的泳池面积（不包括水疗）	10.7 平方米 / 床	10.2 平方米 / 床	2.1 平方米 / 床

注：a 假设为 6 升 / 平方米；取决于温度（水和空气）、湿度、风和蒸气压。
b 过滤器的尺寸要考虑几个因素：池体积（立方米）、池周转率（过滤器完全循环一池水所需的时间，通常为 2—4 小时），以及固定类型过滤器的特定流速，如砂介质。
资料来源：Gössling（2015）。

　　水疗中心的室内游泳池每晚需要填充的水量非常少（约 1 升 / 人）。水蒸发量很难评估，因为它取决于各种因素：池水表面；是否有人使用泳池, 使用人数越多水的运动越快, 蒸发量也越多；沾在顾客身体和泳装上的水；泳池水温和空气温度、空气湿度以及水分的蒸气压（Shah, 2013）。

　　霍夫和施密特（Hof & Schmidt, 2011）研究了马洛卡某游泳池, 他们发现, 该泳池每日蒸发量达 5 升 / 平方米, 年蒸发量达 1.83 立方米 / 平方米。这些是年平均值, 即包括炎热的夏季和相对寒冷的冬季。此外, 该数据是否代表长期平均值还不能确定, 尤其在全球变暖情况下, 平均值的变化可能更大。若套用酒店 A（表 3.8）的数据用以估算水蒸发量, 霍夫和施密特假定每日损耗的水量为 9870 升, 或每位客人每晚消耗 33 升（假设夏季入住率为 85%, 平均蒸发量为 6 升 / 平方米 / 天）。同样, 室内水疗池用水量将增加约 1 升 / 游客 / 天。过滤器反洗的所需用水量仍然没有得到有效量化。在罗德岛的一项研究（Gössling, 2015）中, 一家酒店的过滤器反洗量达到 2.3 立方米 / 天, 相当于整个季节入住率 85% 时每客每晚用水量约 7 升, 但需要进一步研究确认这些数值。罗德岛还出现一种现象, 私人建设泳池导致总耗水量明显增加, 其他地方甚至全球范围可能都有这种现象, 如图 3.6 所示。

图 3.6　旅游地的私人泳池

注:旅游地的私人泳池日趋增多,这导致总用水量明显增大。

资料盒 3.2　游泳池过滤器和处理系统

　　游泳池中广泛使用过滤器和处理系统。各种型号的系统都要耗水耗能(反洗),并且或多或少使用了对环境有害的化学品。从健康和安全的角度来看,过滤器和处理系统一起用,可以确保微生物污染保持在可接受的范围以及确保沐浴者接触的化学品保持在一定水平。微生物危害源于沐浴者排放的粪便、污染的水源、动物(例如鸟类)与水的接触或与其他人体相关的水污染(WHO,2009)。当水含富氧、温热并且营养成分够高时,病毒、细菌、原生动物和真菌就会滋生,包括腺病毒、甲型肝炎病毒、诺如病毒、艾柯病毒(病毒)、志贺氏菌和大肠杆菌(细菌)或贾第鞭毛虫和隐孢子虫(原生动物)等,这些可能会引起呕吐、发烧、腹泻、恶心,以及溶血性尿毒综合征。

　　使用化学品消毒旨在减少池中的病菌来源,但还有其他渠道也会给游泳池带来病菌,如汗液、肥皂残渣、化妆品和防晒油,直接摄入、吸入或皮肤接触这些化学物质会影响游泳者的健康,尤其儿童摄入的会更多(WHO,2009)。最常用的化学消毒剂包括氯、二氧化氯、溴氯二甲基乙内酰脲(BCDMH)、臭氧和紫外线辐射。这些处理系统使用化学方法(氯化)或物理方法(辐射)方式去活性。消毒措施的相对强度与多种因素相关,例如泳客的数量、源水、水池的大小和位置,以及现有的操作系统。一般来说,消毒最重要原则的是将污染源最小化,并连续稀释和过滤池水。世界卫生组织(WHO,2009)建议,不论池的大小或体积如何,每位入浴者每天需要不少于 30 升淡水以稀释池水,这将大大增加直接用水量。如本书其他部分所述,大多数酒店很少这么做,游泳池只是“补足”替代蒸发的水,这是一个必须权衡环境(节水,最终热水需求)和健康(病原体减少)的问题。然而,具有普遍共识的一点是,进入池之前淋浴可以有效减少污染物(Chowdhury et al.,2014)。

　　过滤器系统通常使用诸如砂等介质操作。加压水通过砂泵送,其悬浮颗粒保持到 7 微米的尺寸（Korkosz et al.，2012）。最近,似乎越来越多包含碎玻璃的"结晶砂过滤器"代替了砂,这样的过滤器更有效,并减少反洗时间约 30%（个人访谈,Mina Splagounias-Zachariou, Thomas Cook Concept 酒店可持续发展 CSR 经理 2014 年 7 月 17 日）。其他过滤器系统包括筒式过滤器或其他介质,例如硅藻土。

池水的处理通常涉及氯,作为化学物质,氯影响游泳者并且对处理造成问题,例如当灰水用于灌溉或处理池水时。近年来已经开发了许多新颖的系统,例如天然氯系统,该系统使用含有氯化钠（NaCl）的海水,可以用氯发生器泵送,通过电解槽氧化氯离子。这种系统已被希腊的太阳之翼（Sunwing）酒店引进使用,每 100 立方米池水的安装成本为 1000 欧元。根据美娜·斯普拉可尼亚 – 扎哈里亚（Mina Splakounia-Zahariou,个人访谈,2014 年 7 月 17 日）所说,天然氯系统使氯气使用率降低 40%,成本降低 50%,运行成本为每 100 立方米池水每小时 0.028 欧元。近年来还开发了基于铜离子化和氧化水的其他系统,完全可以不用氯。

（3）客房用水

室内用水包括淋浴、浴缸、马桶和水龙头。如上所述,这些用水量的数据非常有限。室内耗水量的数据只能基于房间中每个耗水装置的水流的单独测量。然而,酒店很少进行这样的具体测量。或者可以访问游客,但这意味着数据更不准确。希腊罗德岛的一家酒店已经有这样的数据（Gössling,2015）。调查（n = 101）显示,每位游客每天的冲洗频率为 3 次至 15 次（房间内的卫生间,以及酒店的公共厕所）。工作人员的清洁次数每天每房增加两次到三次,导致每位游客每天厕所用水的平均估计值为 45 升。如上所述,这个数值可能因为游客的行为（实际冲水频率）、在酒店的停留时间（客人可能待在城市酒店的时间比度假酒店少）以及马桶技术（大 / 小冲洗选项）而有所不同。

在同一研究（Gössling,2015）中,每位游客平均每天使用淋浴 2.6 次（n=100）,每人每天淋浴 1—7 次不等,包括室内淋浴,以及公共区域的淋浴。然而,价格低廉的城市酒店或小型旅店中可能不配备这样的装置,因此它是温暖气候下的度假式酒店独有的特征。淋浴时间浮动在 1—15 分钟之间,估计平均每天两次淋浴,平均每次持续时间为 5 分钟。测量的水流量平均为 7—12 升 / 分钟,这与水压和淋浴头有关,结果是平均每天使用 70 升水。浴缸用的水必须添加到这些数值中。在罗德岛进行的调查中,只有 28% 的受访者表示使用浴缸。而在使用浴缸的游客中,68% 的人只使用一次,但也有 17% 的人每天在使用浴缸。总体而言,这导致每位客人每天用浴缸的平均耗水量为 3 升。该调查不具有代表性,因为结果要考虑酒店类型和标准（低价床和早餐式住宿可能没有浴缸,而五星级酒店可能提供按摩浴缸）、客人类型（商务 / 休闲）、客人国籍或文化、个人偏好等因素。最后,基于访谈及水龙头的流速为 4.5 升 / 分钟的情况下,每个客人每天的日用水值为 8 升,但这些数值也不具有代表性（如图

3.7 所示）。

图 3.7　豪华低流量淋浴喷头

注：淋浴花洒是许多豪华酒店的最新设施，导致耗水量急剧增长。相比之下，低流量淋浴使用微孔，每分钟可以减少 6 升用水量，同时保持水流较大。酒店还需要将水压调节到 3—4 巴以减少流速。但豪华低流量淋浴喷头也存在问题，因为金属表面光泽需要仔细清洁，而这要耗费劳动力和大量水资源。

（4）洗衣用水

洗衣是用水的一个重要方面，因为许多酒店每天更换毛巾和床单。只有一个单项研究（Bohdanowicz & Martinac，2007）提供了具体的洗衣耗水值。酒店情况不同，这个数值也不尽相同，斯堪迪克酒店每位客人每晚需清洗的物品重量为 0.7—3.1 千克（斯堪迪克酒店：每客每晚平均 2 千克），希尔顿连锁酒店每位客人每晚需清洗的物品重量为 0.7—16.2 千克（希尔顿酒店：每客每晚平均 4.1 千克）。博德哈罗维兹和马蒂娜（Bohdanowicz & Martinac，2007）没有提供这一数值对应的用水量。希腊两个五星级酒店更详细的数据如表 3.9 所示（Mina Splakounia-Zahariou，个人访谈，2014 年 7 月 22 日）。表中显示，清洗用品种类繁多、数量庞大，包括床单、枕头套、浴衣、各种毛巾、厨房毛巾和沙发枕头套等，总共 20 种物品需要清洗，酒店 A（307 196 个客人 / 晚）需清洗的物品有 618 230 件，酒店 B（49 379 个客人 / 晚）为 175 170 件。相应地，酒店 A 每位客人每晚需要清洗的物品为 0.744 千克，酒店 B 则是 1.330 千克。请注意，研究中两家酒店洗衣房的清洗量不算大，因为这两家酒店都采取了各种环保措施，积极尝试减少洗衣量。在希腊其他五星级酒店，洗衣所需用水量可能更高，按照每千克 11 升水算，每个客人每晚需要 30 升水用于洗衣（Gössling，2015）。造成每位客人每天洗衣量如此高的原因有很多：康体中心的影响、纺织品质及 / 或衣物（包括水疗设施或海滩使用大尺寸毛巾）重量。

表 3.9　2013 年两家罗德岛酒店的洗衣用品、单位数量和重量

	单位使用（酒店 A）	单位使用（酒店 B）	单位重量（千克）	酒店 A 总重量（千克）	酒店 B 总重量（千克）
床单（单人床）	72 407	18 282	0.50	36 204	9141
床单（双人床）	5925	150	0.85	5036	128
床垫保护套	44	52	0.90	40	47
枕头套	108 556	27 015	0.15	16 283	4052
单个单珠地毯	112	270	1.00	112	270
被套	70 313	12 861	0.90	63 282	11 575
浴袍	9410	5923	1.20	11 292	7108
浴巾	39 284	24 215	0.60	23 570	14 529
面巾	11 522	25 362	0.15	1728	3804
澡堂	6733	15 441	0.20	1347	3088
化妆用毛巾（30×30）	—	5070	0.12	0	608
沙滩毛巾	61 971	12 141	0.74	45 859	8984
白色桌布	5104	38	0.32	1633	12
方形餐垫（1×1）	6621	223	0.60	3973	134
圆形餐垫	1049	—	0.74	776	0
亚麻餐厅毛巾	190 709	22 584	0.06	11 443	1355
厨房毛巾	20 468	5190	0.10	2047	519
长条地毯	499	28	0.50	250	14
床罩	2012	315	0.98	1972	309
沙发枕头套	5491	10	0.30	1647	3
累计	618 230	175 170		228 494	65 680
单位／公斤每客每晚	2.01	3.55	—	0.744	1.330

资料来源:希腊罗德岛 Thomas Cook Concept 酒店可持续发展 CSR 经理 Mina Splakounia-Zahariou（个人访谈，2014 年 7 月 22 日）。

　　科恩等(Cohen et al., 2009)报告了加利福尼亚州不同洗衣技术的用水影响。标准洗衣脱水机的外观和操作类似于前装式洗衣机,但衣物及水容量不同,可容纳衣物 30—800 磅,并且每磅衣物用水量为 3—4 加仑(gpp,加仑／磅；1 加仑 = 3.785 升),如图 3.8 所示。然而,节水的洗衣脱水机具有内置的水循环系统,可将用水量降低至小于 2.5 gpp。Cohen 等(2009)表明,加利福尼亚酒店平均拥有 125 间客房和 70% 入住率时,用标准的洗衣脱水机(4.0 gpp),平均每年洗涤床单和毛巾的用水量将超过 604 000 加仑(大约 242 万升)。因此,如果这样的酒店安装一个高效的水洗提取器,

可以节省接近 38% 的耗水量。对于吞吐量超过 800 磅 / 小时的较大酒店,隧道式洗衣机成为降低成本的最佳选择,这种洗衣机更高效(通常使用 2.0 gpp),与传统的洗衣脱水机相比,每磅衣物节省用水 30%—60%(Cohen et al.,2009)。

图 3.8　每天酒店需要清洗的物品

注:洗衣耗水耗能多。许多酒店需要每天更换毛巾和床上用品,许多客人在自己家里每周一换,甚至更久才换一次这些用品。大多数酒店不再自己洗涤和熨烫换洗物品,而是外包给其他服务商。在这种情况下,洗衣成为间接用水的一个环节。

(5)厨房用水

酒店和餐馆厨房的水用于解冻,制备食物和烹饪,向锅碗、水槽、洗碗机中注入水以清洁烹饪设备和处理垃圾。在罗德岛的研究(Gössling,2015)中,厨房用水约为每位客人每天 25 升。用于清洁的水可以忽略不计,因为大理石地板是干洗的。水管设施和烹饪方式通常是计算营利性厨房用水量的关键因素。格莱克等(Gleick et al.,2003)估计,中型商用厨房每天约制作 250 份餐食的用水量为 1722 升(455 加仑)至 2233 升(590 加仑)。

建筑和管道标准可能是影响厨房水流量和酒店其他部分业务的主要因素。美国的现行国家标准和建筑给水排水规范将水龙头的最大流速设定为每分钟 2.2 加仑(gpm,加仑 / 分钟;每分钟约 8.3 升)。相比之下,在公共厕所中,水龙头流量被限制为 0.5gpm。商业厨房的水槽通常需要 2.2gpm 的流量,传统的商业水龙头流量为 4—7gpm。然而,安装龙头起泡器可以减少用水量,该装置能在龙头出水瞬间将空气与水融合。普通起泡器的流量为 0.5、1.0 和 2.2gpm。根据水龙头和起泡器型号不同,安装商业低流量水龙头起泡器可以将水龙头流量减少 30%—50%,而不会影响性能或水压。低流量起泡器还可以降低加热龙头水的能源成本,最多达 50%。尽管与安装高效卫生间相比,低流量水龙头起泡器的节水量较小,但是商用水龙头起泡器的成本低,平均低于 5 美元,因此它们成为一种具有成本效益的节水装置(Cohen et al.,2009)。

资料盒 3.3　加州餐厅厨房中的喷雾阀和其他节水技术

美国各州中,加利福尼亚受气候变化压力最大,干旱频繁。据估计,在 2000 年,加利福尼亚商业食品服务业耗水量约 185 023 000 立方米,这约等于所有商业、工业以及机构用水量的 6%(Gleicket et al, 2003)。通常,洗碗碟消耗餐馆用水总量的 2/3 (Alliance for Water Efficiency,引自 Cohen et al., 2009)。餐厅减少其用水量最简单且最具成本效益的方式是提高其洗碗和预冲洗喷雾设备的效率。由于洗碗机的尺寸大小不同,每架洗碗机用水量最少 3 升,最多甚至超过 80 升。在美国,商用洗碗机平均每次冲洗使用水约 15 升(4 加仑)(Cohen et al., 2009)。升级洗碗机提高效率,每年耗水量和耗能量将减少 25%,安装更小更高效的商用洗碗机,其投资回收期为 1 年至 4 年(Cohen et al.,2009)。

餐具放入商用洗碗机之前,用于漂洗餐具的预冲洗喷雾阀通常用水 1 gpm 至 5gpm(1 加仑 = 3.785 升)。加利福尼亚城市水资源保护委员会由 396 个供水商、环保团体和其他利益相关者团体组成,其实施了“冲洗节省型”预冲洗喷雾阀安装项目,替代了将近一半的热水预冲洗喷雾阀(预计 102 000 个中完成了 5 万个)。安装一个高效的预冲洗喷雾阀可以将用水量从 3 gpm 减少到 1.6 gpm 或更少(Santa Clara Water District,引自 Cohen 等, 2009),每年可减少水费、能源费及污水处理费 15%—30%。水效率联盟(Cohen 等, 2009)估计,只安装一个预冲洗喷雾阀就可以每年为企业节省近 19 万升的水和 7629 千瓦时的能源。 表 3.10 提供了加利福尼亚州厨房和其他商业、工业和机构用水中一系列节水技术的详细信息。

表 3.10　加利福尼亚商业、工业和机构(CII)部门的现有技术和节水节能潜力

用水区域	加利福尼亚州的 CII 部门用水	节水技术	节水节能潜力	附加信息和节省
商业景观美化	• 该行业每年耗水为总用水量的 1/3（每年约为 1 000 000 英亩。	• 无水绿化。 • 智能控制器和传感器。	• 无水绿化能将用水量减少 50% 甚至更多。 • 智能控制器将年度用水量减少 20%—40%。	• 减少干燥天气的径流和水中污染物。 • 可以改善景观的美观程度。
商业龙头	• 小便器用水占该部门洗手间总用水量的 15%。 • 水龙头用水量占厕所用水总量的 4%（每年约为 14 400 英亩）。 • 中型商用厨房龙头每天使用 455—590 加仑。	• 低流量龙头起泡器（ 0.5、1.0 和 2.2 gpm）。	• 将水龙头流量减少 30%—50%（该范围基于起泡器类型和水龙头使用）。 • 低流量起泡器还可将加热水龙头用水的能源成本降低 50%。	• 水龙头起泡器的平均成本为 5 美元,成本效益很高。

续表

用水区域	加利福尼亚州的 CII 部门用水	节水技术	节水节能潜力	附加信息和节省
淋浴头	• 淋浴消耗量占行业浴室总用水量的 7%（每年约为 25 200 AF）。	• 低流量喷头（2.0 gpm 和 2.5 gpm）。	• 2.5 gpm 流量每次淋浴可以节省 2 加仑。 • 2.0 gpm 流量每次淋浴可省 3.5 加仑。	• 低流量淋浴喷头可以批量购买，价格为 5—12 美元。
厕所	• CII 设施 15% 的水用于洗手间。 • 厕所占洗手间用水总量的 72%（每年约为 259 200 AF）。	• 超低流量厕所（ULFT）（1.3—1.9 gpf）。 • 高效厕所（HET）（1.28 gpf）（堆肥厕所甚至更低）。	• ULFT 每年可以节省 15 000 加仑，具体取决于设施。 • HET 每年可省高达 19 000 加仑。	• 废水总量减少。
小便器	• 小便器用水量占该部门洗手间总用水量的 15%。	• 高效小便器（HEU）（0.5 gpf 以下）。 • 无水小便器。	• 每个 HEU 每年可节约 20 000 加仑。 • 每个无水小便池每年可节约 45 000 加仑。	• 废水总量减少。
商用厨房洗碗机	• 商用厨房用水量占总 CII 用水量的 6%（150 000AF）。	• 节水型商用洗碗机。	• 每年可将水和能源消耗减少 25%。	• 安装小型高效商用洗碗机的投资回收期为 1—4 年。
	• 商用洗碗机只消耗商用厨房水资源的 24%（每年约为 3600）。			• 大型洗碗机的投资回收期更长。
商用厨房预漂洗喷雾阀	• 商业厨房用水量占 CII 用水量的 6%（15 万 AF）。 • 预冲洗喷雾阀占商业厨房用水量的 14%（每年 21 000 AF）。	• 节水型前轮喷雾阀（1.6 gpm 或更少）。	• 每年节省高达 50 000 加仑的水和 7629 千瓦时的电力（与标准阀相比，水和能源减少 26%—80%）。	• 更换传统的预冲洗喷雾阀，一个充水预冲洗喷雾阀每天使用 3 个小时，每天可省水量 180 加仑，每年节省高达 1050 美元的水和能源成本。
洗衣机	• 工业和室内洗衣店每年用水量约 30 000AF。 • 加利福尼亚州 3000 台额外投币式洗衣机用水量高达每次 45 加仑。	• 高效商用洗衣机（HEW）（共用洗衣店）。 • 节水脱水机（室内洗衣店）。 • 隧道洗衣机（工业洗衣店）。	• HEW 可以将用水量减少 35%—50%，节能高达 50%。 • 高效清洗机可以将用水量降低 40%。 • 隧道洗衣机可以将用水量减少 30%—60%。	• 更高效的洗衣机可以将能源费降低多达 50%，水和污水成本降低 35%—50%。 • 使用 HEW 减少 50% 的洗涤剂。

注：英亩（AF）＝1 美国测量英亩（英尺）≈1233.489 238 468 1 立方米；加仑（G）＝美制加仑，等于 3.785 411 784 升；gpf＝每冲一次水消耗的单位（加仑）；gpm＝加仑 / 分钟。

资料来源：改编自 Cohen et al.（2009）。

（6）旅游活动用水

尽管"活动"是旅游业系统性水足迹的一部分，比如营销和销售，或基础设施建设中涉及的水资源消耗,但是各种旅游活动也增加了现场用水。耗水量大的基础设施建设中,最典型的例子是高尔夫球和滑雪,即需要灌溉草场和造雪用水。目前,高尔夫球场的用水量似乎最大,其用水量取决于球场大小、土壤、气候、灌溉效率和球场管理类型(公共、私人或重要球场)(Baillon & Ceron, 1991; Ceron & Kovacs, 1993; Peister & Scott, 2014; Throssell et al., 2009)。高尔夫球场年用水量估计包括:塞浦路斯每公顷用水量为 10 000—15 000 立方米(Mangion, 2013);法国北部每个高尔夫球场需要用水 8 万—10 万立方米,而法国南部需要用水 15 万—20 万立方米(Ceron & Kovacs, 1993);在加拿大安大略省南部,一个 18 洞的球场每年需要 6 万—9.4 万立方米(Peister & Scott, 2014);美国多样气候带,一个 18 洞球场每年需要 5.2 万—56.6 万立方米(Throssell et al., 2009)。沙漠生态系统中的高尔夫球场用水量更高,范德·默伦和萨尔曼(Vander Meulen & Salman, 1996)的估算显示,一个 18 洞的高尔夫球场每年的耗水量为 50 万—100 万立方米。

　　这些实例说明,高尔夫球场是高度耗水的设施。2004 年,据估计,每天用于灌溉世界各地高尔夫球场的水达到 95 亿升(Wolbier, 2004),尽管仍不确定这一数据是否可靠。赫德森和赫德森(Hudson 和 Hudson, 2010)称,目前 140 个国家共有 3.2 万个高尔夫球场,面积高达 15 平方千米。在过去 20 年里,全球高尔夫产业和高尔夫旅游市场迅速扩张(如从 2005 年到 2010 年,高尔夫球场的数量大约增加了 15%; Berenberg, 2012),旅游相关的水资源消耗量也随之增长。

　　虽然不太明显,另一个水密集型旅游活动是滑雪。根据滑雪场资讯(skiresort. info, 2013),目前全世界有 4874 个滑雪胜地,有的滑雪坡度长达 650 千米。越来越多的滑雪和其他冬季体育活动利用人工造雪,导致相应的用水量和能耗量相当大。例如,2007 年法国用于造雪的水达到 1900 万立方米(Badré et al., 2009),但其中仅 30% 是消耗性的水资源。据估计,美国 2004—2005 年度的造雪已使用水资源 6000 万立方米(Scott et al., 2012b),这一数据不包括能源耗水及其他隐含用水。参观音乐会、活动和景点也会增加用水需求(Meyer & Chaffee, 1997; Sebake & Gibberd, 2008; Zaizen et al., 2000),例如,参观伦敦千年穹顶的访客平均每人使用 22 升水(Hills et al., 2002)。据估计,每位游客每晚的活动可能增加用水 10—875 升,包括用水最多的高尔夫球运动(Deyà Tortella & Tirado, 2011; Gössling et al., 2012; Hadjikakou et al., 2013a)。

　　总体来说,本章指出,需要灌溉的花园、草坪或高尔夫球场,以及有水疗中心和大型游泳池或多个游泳池,这些都将导致用水量大幅增加。因此,高标准的住宿,尤其气候温暖的度假酒店消耗的水资源可能比小规模旅店或城市酒店更多,这对水资源管理是一种挑战,因为这些酒店利润率往往很高,所以他们可以继续以这种低效率的方式利用水资源(Deyà Tortella & Tirado, 2011)。地理位置(城乡)、气候带(干湿)、酒店结构(高层建筑、度假村式)以及舒适度标准(从露营至五星级)是影响用水相对份额和总体用水量的因素（Gössling et al.，2012）。这些对水资源管理的相关解读，也会在第 4 章和第 5 章中多次提到。

2. 间接（隐含）用水

间接用水包括为住宿机构提供服务所消耗的水，包含建造酒店、使用能源以及食品和饮料消费。食物和饮料的消费地点也可以是酒店之外，例如游客在附近的餐馆吃饭。如上文所述，即使消费者不旅行，也可能发生与间接用水相关的消费。然而，有一些证据表明，旅游业增加了个人水资源消耗的水平，这将在下面几节中概述。

（1）施工用水

关于建筑中所含的水，拉塞罗 - 拜特等（Rosselló-Battle et al.，2010）在报告中提到，建造及使用建筑物消耗的水占全球用水量的 17%。按照娄（Low，2005）的研究，混凝土是除了水之外世上消耗量排第二的材料，使用混凝土本身就很耗水，据估计，水泥水化过程每年消耗水资源 10 亿立方米（van Oss & Padovani，2003）。

旅游业在这一总数中的占比是未知的，也很难界定，因为基础设施的用途经常重合。有人认为，混凝土的最终用途包括住宅建筑（31%）、高速公路和普通道路（26%）及工商业建筑（18%）（Low，2005）。

为了更好地计算施工中的用水量，拉塞罗 - 拜特等（Rosselló-Battle et al.2010）分析了巴利阿里群岛三家酒店水泥的使用情况。他们发现，每 1 平方米的楼面空间，需要 85—97 升水。假设酒店使用寿命为 50 年，这些数值可用于估算每个客人每晚的耗水量。例如，一个酒店平均每张床占楼层面积（包括公共和行政区域）20 平方米，每年每床过夜的客人数为 200 个，施工期间平均用水 90 升 / 平方米，则得到酒店使用期间人均耗水量为 0.2 升每客每晚（Gössling，2015）。建筑相关的用水量似乎可以忽略不计，尽管这部分还包括其他不断增加用水值的旅游基础设施，如机场、港口、道路、用于旅游活动的建筑（例如滑雪缆车）、节事活动、博物馆和餐馆。然而，精心谨慎的建造和现场开发有时可以为水系统带来其他好处。例如，低影响开发——有策略地规划原生植物苗床位置，在停车场和道路设置多孔表面，以及其他方法——保留现场降雨并使其浸入地下可以增强供水、保护水质和减少温室气体排放。

低影响开发是节约用水的高成本效益方法，总资本成本节约估计为 15% 到 80%（Chapman & Horner，2010；Horner，2007）。例如，加利福尼亚的一家餐馆拥有可容纳 30 辆汽车的大停车场，使用低影响开发可为其节约足够的水，几乎可满足四口之家一整年的需要（Cohen et al.，2009；Horner，2007）。低影响开发节省的水可以抵消同等量的能源密集型进口水，考虑并计算这些地区抽取地下水相关的平均能源需求，因此低影响开发模式有助于减少温室气体排放（Cohen et al.，2009）。

（2）燃料生产用水

燃料、电力生产和分配是水密集型。要计算与使用能源相关的间接用水量的水足迹，必须根据生命周期分析考虑整个旅游价值链中使用的所有能源，目前为止还无人尝试计算这种数据（Gössling & Peeters，2014）。因此，要估算与能源使用相关的水足迹，只能基于运输（去往/来自目的地）的能源消耗量和酒店能源使用量作为能量生产量的代理值。例如，要排除用于货物或食品生产和运输的能源（如图3.9所示）、汽车租赁，以及诸如滑水或潜水、直升机飞行或景观游览观光等高耗能活动，所有这些活动都必须根据涉及生产的不同能源的水强度（见第1章）进行评估。然而，旅游业使用的大多数能源将来源于化石燃料（UNWTO，UNEP & WMO，2008）。全球范围内，估计每个客人每晚（仅住宿）涉及272兆焦耳的能源使用（生产量）（见关于酒店能源使用的案例研究和实体水需求），或相当于约75千瓦时的能量，或7升柴油。保守估计只考虑生产，每1升柴油估计需要10升水，这将导致每个客人每天将消耗70升淡水，用于住宿能源使用。然而，需要注意的是，住宿中的能源使用量差别很大，文献（Gössling，2010）中报道的每个客人消耗值在3.5—1536兆焦耳，或者相当于0.1—42.2升柴油（1升柴油：36.4兆焦耳）。按每1升燃料10升水的比例，将其转化为与能量相关的水资源，每个客人每晚耗水量为1—420升。酒店建设中使用的能源也必须加上，其中酒店建设中消耗的能源相当于年运营能源使用的20%（Rosselló-Battle et al.，2010）。

图3.9　食品运输消耗的能源

注：土豆从荷兰运送到塞舌尔，供小岛度假酒店消费。不仅食品生产要消耗大量水和能源，配送食品也需要相当多能量。塞舌尔的一位酒店经理说道（Gössling et al.，2011）："所有东西我都空运，咖啡也不例外。在燃料方面，这家酒店的消耗大得吓人。我们现在开始为圣诞节的物品下订单：打算用集装箱从迪拜运来。如果我现在订购，就不必通过空运方式。对于我来说，圣诞节要从8月就开始准备，如果你不想你要的东西空运到这里的话，你必须事先计划很多事情。"

资料盒 3.4　酒店的能源使用和间接水需求

学者详细研究了希腊罗德岛三家酒店的能源使用。值得注意的是,这不包括到岛上旅行的运输部分,因此每个客人每晚的能源需要低于全球平均值(272 兆焦耳或75 千瓦时)(UNWTO, UNEP & WMO, 2008)。此外,研究对象是新建成的酒店,并且都已安装热太阳能热装置以便生产温水。太阳能热装置及空调的使用、酒店的相对舒适标准以及其在 4 月至 10 月期间的入住率/客房总数等,都是导致能量需求结果不同的因素,得出的相应能量为 17—42 千瓦时/客晚(如表 3.11 所示)。

表 3.11　希腊罗德岛酒店的能源使用情况

能源使用	酒店 A	酒店 B	酒店 C
每位客人每晚能源消耗(2012)[a]	19 千瓦时 + 0.5 升油	32 千瓦时 + 0.338 升柴油 + 0.597 立方米燃气	16 千瓦时 + 0.05 升柴油
上述能耗对应的能量	25 千瓦时/客晚	42 千瓦时/客晚	17 千瓦时/客晚
能源水足迹(0.8 升水/度电)	20 升/客晚	34 升/客晚	14 升/客晚
太阳能热装置安装面积	370 平方米	248 平方米	104 平方米
每房间太阳能热装置	0.8 平方米/房	1.4 平方米/房	0.5 平方米/房

注:a 罗德岛的电力公司使用燃油和柴油发电机供电。
资料来源:Gössling(2015)。

假设平均每千瓦使用 0.8 升淡水(Gössling, 2015),每客每晚的水足迹为 14 升至34 升,该数值比全球平均估计值低得多。尽管在希腊空气调节系统与全球平均值相比规模很大,但太阳能热变暖与相对较新的技术相结合可能减少希腊的能源需求。

运输中的能源需求和潜在耗水量与运输距离和运输模式有关。例如,皮特斯(Peeters,2013)计算出 2010 年全球平均回程旅行距离为 1898 千米,能源使用量为1.123 兆焦耳/千米(国内和国际旅游)。这意味着全球平均每个客人每晚的用水量约为 130 升,较长行程和较短长途航班全然不同,例如乘火车和巡航,这些不同形式的旅行用水值变化范围为每个客人每晚 5 升至 2500 升(Gössling,2015),计算数值必须考虑到海水淡化、分配所需的能源或水网的生命周期能源消耗。

交通能源使用是旅游业可持续发展的一个重要问题(Gössling et al.,2013),目前几乎没有可用的技术性解决方案。越来越多人提倡以生物燃料替代化石燃料(IATA,2013)。然而,使用生物燃料也将显著增加旅游业的水足迹。据联合国教科文组织(2009)报告,已有 44 立方千米水或 2% 的灌溉水被用于生物燃料生产,这表明生产 1升生物燃料目前可能需要 2500 升水,但只有一部分是可消费的。如果德·弗顿蒂尔等(De Fraiture et al.,2008)估计的生物燃料和农业生产研究成果被应用,如果世界上目前的商用飞机使用生物燃料,那么还需要灌溉水约 180 立方千米。因此,有必要进一步研究生物燃料对水的影响。

(3)餐饮(食物)用水

没有人详细研究过住宿中消费的食物,可能是由于这项调查耗时久,或容易被认为是商业竞争,所以很难与酒店达成合作。然而,大多数人认为,游客消费较多的高级食物中的水足迹含量更大,如肉类(Gössling,2015;Gössling et al.,2011)。根据联合国教科文组织(2009)估计,每 1 千卡食物需要 1 升水,维持人类日常饮食的需水量约为每人每天 2500 升。Hadjikakou 等(2013a)表明,由于旅游业中普遍消费高级食物,每千卡食物的水足迹更大(1.38—2.34 升 / 千卡)。

Gössling(2015)对希腊酒店的评估计算了食品消费中实际消耗的水资源,到目前为止,这是关于食品消费与水资源消耗的唯一研究。该究涉及 150 种食品以及 60 类饮料。一般多数人认为游客平均每人每天消费的食品量微乎其微,但是,若当季过夜游客数量超过 18 万时,所消费食物的总重量就极为可观,有的食物可能一种达到好几吨。在本研究中,每位客人平均每天消耗的食物重量为 3.122 千克(如表 3.12 所示),饮料 1.784 升,包括酒精 0.611 升。根据梅康宁和胡克斯特拉(Mekonnen & Hoekstra)的数据(2011a、2011b),以食物总消费值乘以各种食品的含水量,则得到结果,这家酒店食品的日平均耗水量为 4557 升,饮料为 940 升,即每客每晚耗水 5497 升。在这些数据中,蓝水的份额约为 15%—20%(如图 3.10 所示),从每 1 升啤酒 4.4 升水到每 1 千克橄榄 512 升水。值得注意的是,这些值不包括运输或加工食物所需的能量。该研究证实了酒店餐饮中高等级食品占较大份额,其中包括肉类(每人每天 0.385 千克)、海鲜和鱼类(0.139 千克)以及乳制品和鸡蛋(0.294 千克)(如图 3.11 所示)。在这项研究中,3/4 的游客也同意他们吃得"比在家多"。肉类的水消耗量为每天每位游客 2.65 立方米,是食物消耗水最多的部分(如图 3.12 所示)。相比之下,碳水化合物(例如面包、大米)的水分较少,水果和蔬菜含水比例高。

表 3.12　希腊案例酒店的食品用量(每人每晚)

食品	千克 / 客晚	食品	千克 / 客晚	食品	千克 / 客晚
肉类		乳制品和鸡蛋		海鲜	
冷切	0.063	酸奶	0.080	龙虾	0.001
猪肉	0.115	奶油	0.040	卡拉马里	0.009
兔肉	0.002	牛油及人造黄油	0.010	虾	0.011
牛肉	0.066	奶酪	0.086	贝类	0.009
鸡肉	0.084	蛋类	0.078	章鱼	0.007

续表

食品	千克/客晚	食品	千克/客晚	食品	千克/客晚
鸭肉	0.008	小计	0.294	乌贼	0.004
火鸡	0.018			鱼子酱	0.000
羊肉	0.029	碳水化合物		其他海鲜	0.003
小计	0.385	面粉	0.025	小计	0.044
		谷物	0.059		
蔬菜及水果		糖	0.024	鱼类	
干果	0.016	意大利面	0.034	熏鱼	0.005
冷冻蔬菜	0.148	土豆泥	0.002	庞加斯	0.022
冷冻土豆	0.082	粗粮	0.001	鲨鱼	0.020
新鲜水果	0.571	糕点	0.017	鳕鱼	0.005
新鲜蔬菜	0.773	面包	0.064	旗鱼	0.004
柠檬	0.010	牛角包	0.013	鲈鱼	0.014
橄榄	0.013	曲奇及饼干	0.014	三文鱼	0.011
小计	1.613	米饭	0.018	金枪鱼	0.002
		小计	0.271	沙丁鱼	0.000
其他				鲂	0.002
豆类	0.005	甜食及香料		其他	0.010
油料	0.113	传统糖果	0.003	小计	0.095
坚果	0.020	番茄酱	0.022		
醋	0.041	果酱	0.010	饮料(升)	
汤	0.001	香料	0.069	软饮料	0.037
蜗牛	0.001	盐	0.007	茶点	0.038
高汤	0.037	蜂蜜	0.010	果汁	0.072
小计	0.218	冰激凌	0.081	牛奶	0.300
		小计	0.202	茶	0.612
				咖啡	0.114
食品小计	3.122			红酒	0.288
饮料小计	1.784			啤酒	0.280
总计	4.906			烈酒	0.043
				小计	1.784

注:"番茄酱"一项包括番茄酱、芥末和蛋黄酱。

食物消费值包括必须去掉的果皮、果核、骨头或食物的其他部分。

资料来源:Gössling(2015)。

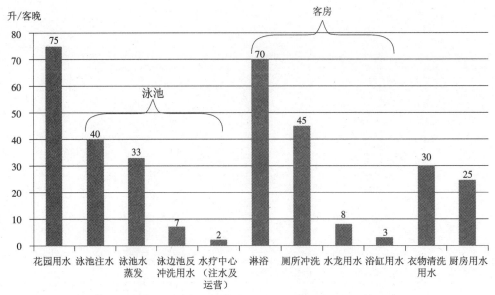

图 3.10 按照最终用途划分的希腊罗德岛四星级住宿的直接水消耗图

资料来源:Gössling(2015),有修改。

图 3.11 食品管理有助于大幅减少全球用水需求

注:一般来说,素食主义者倾向于选择水密集较少的食物。然而,一个经理警告道:"毫无疑问,素食者越来越多。但是如果客户点菜时看不到各种肉,你就完蛋了。他们会找到你,然后纠缠不休,尤其通过互联网更方便他们达到目的。"(希腊罗德岛四星级酒店采访,2014年6月8日)

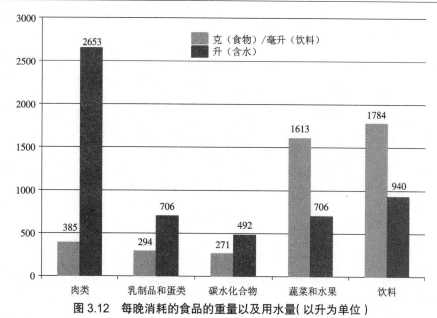

图 3.12　每晚消耗的食品的重量以及用水量(以升为单位)

来源:Gössling(2015)。

3. 系统性用水

系统性用水被定义为:到旅游地或在旅游地的活动、购物以及与服务相关的总的水资源消耗。这通常要考虑到其他基础设施,例如机场、道路、轨道或码头 / 港口,以及制造运输工具或处理废水,所有这些都需要用水。此外,大多数旅游假期都会涉及营销和销售,以及旅游交易的实际场所(旅行社和旅游经营者总部)。隐含在旅游这些方面的用水量还没有研究到。

4. 结论

本章概述了在运营层面,旅游业中直接和间接水资源利用方面的知识。如上所述,没有具体的关于系统性用水的研究。尽管如此,图 3.13 总结了直接用水和间接用水,其中,旅游业中每位游客每天直接用水和间接用水的范围范围在 4600—12 000 升之间,平均用水值为 6575 升。前文提到,这些数值是保守估计,而且排除了系统性用水以及与旅游设施和基础设施生命周期相关的用水。此外,食物是目前最重要的用水部分,占总用水量的 85%。然而,根据消费的旅游产品性质,最低和最高用水值有天壤之别(如表 3.13 所示)。这种消费差异也被称为资源使用强度,根据这一概念可以制定策略,减少旅游业用水。因此,本书的下一章将涉及水消耗的管理。

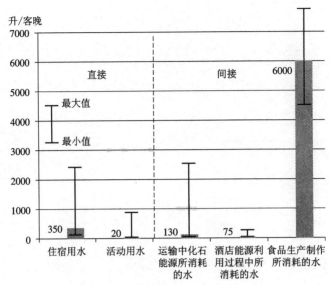

图 3.13　全球平均水足迹(升 / 客晚)

资料来源:Gössling(2015)。

表 3.13　2010 年全球旅游业资源使用强度摘要

方面	估计范围	全球平均水平
能源 ——每个客人每晚 ——每次旅行(国内和国际平均水平)	3.6—3717 兆焦耳 50—135 815 兆焦耳	272 兆焦耳 3575 兆焦耳
淡水(每客每天) ——直接(住宿) ——间接(燃料、食品) ——二者总和	84—2425 升 4500—8000 升 4600—12 000 升	350 升 6000 升 6575 升
食品(克 / 天) ——每客每天	2200—3100 克	1800 克

资料来源:Gössling & Peeters(2014)。

拓展阅读

直接水资源需求:

1. Bohdanowicz, P. and Martinac, I. (2007)Determinants and benchmarking of resource consumption in hotels—case study of Hilton International and Scandic in Europe. *Energy and Buildings* 39(1), 82-95.

2. Hof, A. and Schmitt, T. (2011)Urban and tourist land use patterns and water con-

sumption：Evidence from Mallorca，Balearic Islands. *Land Use Policy* 28（4），792-804.

3. Stipanuk，D.M. and Robson，S.（eds）（1995）*Water Resources for Lodging Operations.* East Lansing，MI：Educational Institute of the American Hotel and Motel Association.

4. Styles，D.，Schoenberger，H. and Galvez-Martos，J.L.（2015）Water management in the European hospitality sector：Best practice，performance benchmarks and improvement potential. *Tourism Management* 46，187-202.

5. WHO（World Health Organization）（2009）*Guidelines for Safe Recreational Water Environments. Vol. 2. Swimming Pools and Similar Environments.* Geneva：WHO. http：//apps.who.int/iris/bitstream/10665/43336/1/9241546808_eng.pdf？ua=1 （accessed 29 July 2014）.

关于旅游业间接用水的有用资料包括：

1. Gössling，S. and Hall，C.M.（2013）Sustainable culinary systems. In S. Gössling and C.M. Hall（eds）*Sustainable Culinary Systems：Local Foods，Innovation，Tourism and Hospitality*（pp. 3–44）. Abingdon：Routledge.

2. Gössling，S.，Garrod，B.，Aall，C.，Hille，J. and Peeters，P.（2011）Food management in tourism：Reducing tourism's 'carbon foodprint'. *Tourism Management* 32（3），534-543.

3. Rosselló-Battle，B.，Moiā，A.，Cladera，A. and Martínez，V.（2010）Energy use，CO_2 emissions and waste throughout the life cycle of a sample of hotel，in the Balearic Islands. *Energy and Buildings* 42（4），547-558.

第4章 旅游业中对水资源的管理：
有效的企业和目的地环境管理体系

1. 引言

如前文所述，很显然，人类未来面临淡水资源短缺的压力会不断增加。与此同时，旅游业在消费领域中所占的耗水份额也将持续增长。因此，保护并有效利用水资源越来越重要。本章对有助于实现该目标的一系列措施进行了概述，包括管理方式、市场营销、行为变化、政策和科技5个方面。需要注意的是，这些措施都有共同点：要么具有经济性，比如可以节约财政资源；要么以某种方式来增加其附加价值，并且传递给旅游者和其他的利益相关者。一般来说，在不损害游客舒适度或者游客体验度的情况下，改进旅游设施可以降低至少 10%—50% 的水资源消耗量（Bohdanowicz & Martinac，2007；Cooley et al.，2007；O'Neill，Siegelbaum & The RICE Group，2002）。提高相对水资源利用效率取决于早已实施的标准，以及绝对的水资源消耗量和可接受的水资源偿还期。

旅游业和餐饮业中的水质问题和水资源管理，通常是广义上的环境与水的管理问题和管理程序的一部分，意识到这一点很重要（如图 4.1 所示）。

许多公司制定其水管理规范仅仅是为了遵守国家或者地方的标准和政策。因此，虽然本章关注的是企业能够有何作为，但意识到更广泛的监管环境以及完善的管理职能也相当重要。旅游企业和旅游组织越来越多地使用环境管理系统（EMS），使其作为整个管理系统的一部分。环境管理系统为组织机构的环境政策制定提供了框架，同时也是体现持续的环保成效和满足环境监管要求的一种工具。尽管"环境管理"这个词语用在此处不大准确，因为它本质上与管理环境无关，而与能够影响环境管理的企业、工业和个人所做出的管理活动有关（Tompson，2002）。然而，环境管理系统还没有一个统一的定义，环境管理系统通常被认为是一系列正式的政策、程序、目的、目标和活动，它们形成了一个组织的结构、程序、资源，以实施、评估、管理以及追踪其整个环境政策和环境影响，其中，水和能源通常是整个环境政策和环境影响中最重要的部分。

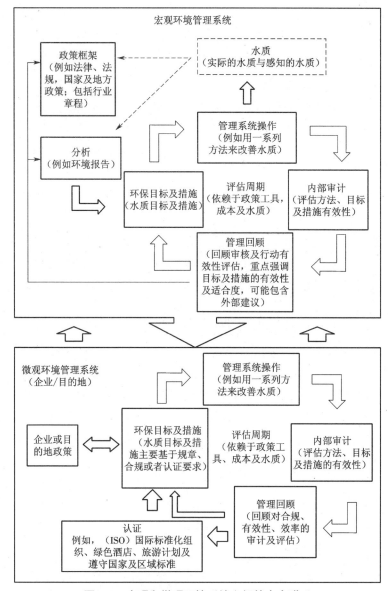

图 4.1 宏观和微观环境系统之间的内在联系

环境管理系统最关键的因素在于能否得到持续性的改善,包括融入实际的反馈机制。许多机构打着环境管理系统的旗号,通过设定易于达成的目标来替换最为重要的道德环境措施。尽管如此,他们依旧是战略环境管理和水管理的基本要素(Barrow,2006)。为了防止设定过低的环境目标,一个组织的环境管理系统应该基准化、透明化,并且接受适当的外部审计。这种方法是有利于确保企业意识到它们减轻对环境的影响、减少利用资源的成本的当前最好的做法。设置环境管理系统的标准化方法包括通过国际标准化组织（ISO 14001；Chan，2009）的认证，对于旅游行业来说，还要使用特定行业的方法。但通常情况下，很多组织机构是自愿使用环境管理系统的（Barrow，2006；Hitchcock & Willard，2009）。例如，2005 年，作为筹备 2006 年英联邦运动会环境项目的一部分，澳大利亚墨尔本所有的住宿机构都实施了一个叫作"节水战略"（SAVE cycle）的节水项目。水管理规划包含六个步骤：①由关键人物做决策；②研发对水的平衡管理、管理基线和管理基准；③实施水审计；④识别水保护措施；⑤进行成本效益分析；⑥引入节水措施（City of Melbourne，2007；Harris，2013）。

为了有效地管理水资源，区分直接用水和间接用水很重要，这也是贯穿本书的内容。大多数的目的地和酒店将更关注直接用水，因为它是总水足迹最明显、最有形的组成部分。直接用水管理通常更为相关，因为干旱气候地区用水更容易被过度开发，更容易受到用水成本的影响，并且存在竞争性利用。另外，污水和废水的处理花费巨大，这也使得减少用水量成为当务之急。因此，以下部分主要是讨论水资源直接利用，包括需求方管理（减少用水需求）和供给方管理（增加可持续性的用水供应）。

能源和食品管理，作为两项最重要的间接消耗用水的分组，也应该纳入水管理。能源是水消耗的一个重要因素，因为大多数酒店有很大能力减少能源消耗，其减少量可以达到与水消耗减少量相同（如，减少 10%—50%）。具体的节能办法已经在本书的其他章节讨论过了（Gössling，2010），但是综合考虑水和能源的管理会极大改善资源管理，增进收益，因为能源用水相当昂贵。例如，塞浦路斯的案例研究（资料盒 4.1）中提到，考虑到能源相当高的成本，减少 1% 的能源使用量能够省下的资金几乎是减少 1% 的水使用量的 10 倍之多。食品管理也很重要，与在加工生产食品过程中消耗的水量相比，其他方面的耗水量不值一提。因为食品管理是旅游业水足迹中的间接部分，所以在酒店的管理方面没有获得足够的重视。然而，食品是很重要的，因为它逐渐成为度假的一部分，与其他统一的度假套装产品区别开来。例如，食品对顾客感知有着巨大并且与日俱增的重要性，它可以为顾客的度假提供附加价值，并且对区域经济产生积极的影响（Hall & Gössling，2013）。此外，素食选择，这点已经讨论过了，其耗水量远不如肉类等食物的耗水量大，并且价格还相当便宜。提供更多的非肉类的食品选择，可以实现环保经济的目标，也可以满足顾客期望。对食品源和饮料源的供应链管理能够对旅游业中水的使用产生重大影响。以下几个部分将更详细地讨论管理机会。

2. 管理

水管理需要所有利益相关者的配合行动，例如：中央和地方政府、酒店管理者、旅游经营者及其员工、旅游者。通常来说，管理者有效参与资源保护的同时能关注节约成本，基于以上准则，水管理方法能够得到最好的引导。这样一来，大家就会对节约资源一事更加感兴趣，不但能使节水潜能发挥到极致，而且对于环境保护也是一种适宜的方法。迄今为止，诸如此类的旅游业管理原则还十分罕见。尽管本书所了解并呈现出来的观点还不够全面，但其中一个由瑞士旅业集团（Kuoni，2013）提出的框架却很实用，也已经发展得较为成熟了。Kuoni 开发了一张"技能地图"，这一框架包括 7 个水管理步骤，即规划、数据收集、成本效益分析、确定行动方案、监督、员工培训和制造顾客意识（如表 4.1 所示）。上述的 7 个方面都包含在以下几节的内容里。这部分的管理内容阐明了参与"技能地图"需要采用的各步骤的概况，如对正式提出一个内部行动方案的概述。另一种实现水资源管理的策略是加入项目（如旅游人生、旅游基金会等），或者雇用其他公司来达到此目标。

表 4.1　Kuoni 的水管理技能地图

步骤	目标
（1）规划	对酒店进行成功的水管理需要采取的措施有所了解； 可以在酒店组建一个水管理团队； 知道运营一个水管理项目需要哪些技能。
（2）数据收集	知道水的供应来源； 知道水都消耗在什么地方、如何被消耗的以及消耗了多少； 意识到通过在整个产权式酒店内部使用一些计量仪器来记录水消耗量的重要性； 知道成本与现阶段的系统有何联系。
（3）成本效益分析	通过水管理的系统，知道哪些水和成本的节约是可以实现的； 总体上了解哪种管道装置能替代过时系统； 了解安装水处理系统的好处。
（4）确定行动方案	知道如何为企业确定正确的节水目标； 总体上了解对哪种改善在规定期限能取得进展。
（5）监督	明白为什么长期并持续性地监督水的消耗是成功的水管理的关键。
（6）员工培训	知道酒店的哪个部门会从水管理培训课程中受益； 知道哪些培训资源是可用的。
（7）创造顾客意识	大致明确如何向客户传递可持续性的水管理理念； 就如何把顾客纳入与水有关的地方社区项目来搜集想法。

规划

对商务住宿来说，即使有机会可以独立从事水管理，也需要把管理活动根植于目的地的背景环境中。目的地环境非常重要，因为其决定着水管理是否能吸引大部分利益相关者，决定着是否需要共同的行动，决定着水管理在什么样的监管政策环境下进行。资料盒 4.1 的个案研究以塞浦路斯为例,该岛国严重的水资源紧缺迫使用水主体也参与到了水管理的行动中来。像马略卡岛这样依赖船只进口水资源的岛屿(Clarke & King, 2004)表明,在某些地方,一旦水的供应成本大幅度提高,水管理将成为问题。很显然,从社会、环境以及经济的角度来看,这种状况是难以维持的。一些谨慎的目的地和住宿业负责人会试图避免陷入这种处境,并且设法在水资源严重紧缺之前为水管理建立好关系网络。这种做法对酒店和其他的旅游基础设施建设具有极其重要的意义,因为这些酒店与旅游基础设施构成了水的"锁定",即在中期前景内很难减少水的消耗量(如图 4.2 所示)。但实际上,个人商务规划常常与旅游地内逐渐增多的水规划相脱离,从而给经营者和更广泛的目的地带来潜在的问题。

图 4.2　泳池的大小和容量是"水锁定"的重要影响因素

注:在换季初期的首次蓄水量会极大地增加每位旅游者每天的直接用水需求(体积),与此同时,泳池面积越大,其蒸发量越大。这要求酒店开发人员在规划初期就要考虑到水的锁定。

　　由表 4.2 可以看出,水管理的规划如何被嵌入住宿当中,可能涉及目的地层面的合作,以一系列全面的指标为基础(见后面的讨论),确认解决长期水体安全的共享方案。据显示,酒店不同管理层的介入极其重要,其中包括高层管理的介入。正如 Kuoni 所指出的,要让公司董事会、总经理和酒店经理都理解此类项目的意义和目标,这一点很重要。同时,这会产生一个关键性的挑战,因为顶层的管理者通常不关心资源的使用,甚至在某些情况下,大量地使用和浪费资源会被视为对提高质量进行的投入(Gössling et al, 2005)。除了酒店的管理层之外,技术员工需要进行数据收集和处理,会计人员应该在经济投入和资金节约方面给予反馈(也可以看作成本收益分析)。也应该赋予客房部、餐饮部、场地保养等部门的员工特定的职能,使其参与进来。

表 4.2　水管理规划

职位	职责	所需经验
董事总经理 / 董事会	明确项目目标,设定完成时间和预期结果	激励员工、支持改变或批准开销
酒店经理	协调各方数据的收集,计划必要的培训	关注已获取数据的细节,善于分析并制定行动方案
技术 / 维护经理	数据收集、计量仪器的安装、物理测量等	良好的计算能力,熟练使用工作表格和计算成本收益
会计人员	节水设备开支的预算,提供过夜数和相关的其他经济指标	编制预算
客房和洗衣房主管	收集数据、设定目标、日常监督	无
餐饮部主管	收集数据、设定目标、日常监督	无
场地主管	收集数据、设定目标、日常监督	无

资料来源:改编自 Kuoni(2013)。

数据收集

水管理最主要的挑战是理解水的使用:只有详细审计,才能有保护和有效利用水的机会,而计算出节省的部分(Bohdanowicz-Godfrey & Zientara,2014)。直接用水更容易被审计和监督,因为能够节约成本,也更能吸引管理层。明确酒店里的水都消耗在哪些地方是至关重要的第一步,因为大多数酒店也只会粗略地了解其水的整体使用情况。除非有特定的监管和政策限制,比如,持续很久的一段干旱期致使政府开始采取节水措施,否则酒店很少会审核不同部门或区域的水流使用量,如酒店在每一个取水点安装计量仪器,包括灌溉、泳池(蓄水、补水、反冲洗)、洗衣房、水疗中心、厨房以及客房内耗水(可使用仪器对马桶、淋浴器、浴缸、水龙头的耗水量进行测量),并且控制热水或者冷水的使用、水的流速 / 水压或者每位顾客消费的毛巾、床单、枕套等。之前概述过,管理层也应该考虑间接用水的使用,因为这可以创造经济效益,尤其就能源方面而言。另外,不管是目的地、某一个区域还是国家层面,从某种意义上来讲,现在对水的所有使用都是全球性的,因为经济是相互联系和互相依存的(见第 5 章)。节约“目的地”和“全球的”水资源,能够降低未来水资源的脆弱性。表 4.3 所示为 Kuoni(2013)提出的关于水审计的建议方法。此审计方法关注成本,把市政和深井的仪表读数与单元成本的评估相结合。燃料和食品都没有被纳入此项审计的考虑范围,即使这些方面有可能整合成一项审计内容。实际上,酒店经常审计食品采购,但这是基于对成本的控制而不是从环境角度来进行的。然而,还没有理由证明以上措施不能一起实施。

表 4.3　进行水审计需要考虑的要素

序号	表 / 记录标题	使用此工作表 / 记录	所需数据	预计需要的时间
（1）	人均消费	计算每床每晚用水量,以及每月的差异。	深井、市政、雨水和运水车来源的月耗水量。	2 小时
（2）	基础水费	计算使用不同水源(地下水、市政水、运水车、雨水、处理水)1 立方米的水所需要的实际成本。	地方用水成本(比如,水费、运水车和收集雨水的基础设施成本、潜在收集量)、水泵功率需求、地下水处理以及维护成本。	2 小时
（3）	热水成本	计算使用不同方式(太阳能、电力、锅炉)加热 1 升水所需的加热成本。	所有热水设备的性能、安装成本以及运营成本。	1 小时
（4）	洗衣成本	计算每件换洗物品的单元洗涤成本,比如一件床单或者一条毛巾。	洗衣机、烘干机、加压器电力、用水率定值和采购成本,每月洗涤记录,洗涤剂和劳动力成本。	2 小时
（5）	流量测量	记录并计算酒店各部分的水流量(比如淋浴、泳池等)。	这部分属于物理测量,因此可以进行直接收集。	1 小时
（6）	水平衡	编制用水预算,通过测量或者估计的方法把各部门的耗水量计算在内。	酒店不同区域的用水量(分项计量)。	2.5 小时
（7）	毛巾重复使用记录表	让客房部员工监督一周的毛巾重复使用并计算重复使用的百分比。	这是一个记录表,所以可以直接收集数据。	0.5 小时介绍 0.5 小时汇编

注意事项:在入住率和 / 或气候条件有明显波动的情况下,每周进行一次分析可能更好,而不是每月进行一次。
资料来源:改编自 Kuoni(2013)。

成本效益分析

　　众所周知,如果没有涉及节约成本或者其他方面的要求,比如法律规定,大多数酒店不会采取措施参与水管理。然而,许多水管理措施的投资回收期可能短到只有几个月的时间,具有很高的成本效益。就算是一种很简单的做法,也可以使效率得到相当大的提高。例如,安装节水型装置以替换旧标准的设施能够减少 30% 的室内耗水量(O'Neill, Siegelbaum & The RICE Group, 2002)。再举一个例子,由悉尼水务(2001,引自 Smith et al., 2009a)汇编的数据表明,安装室内节水措施需要几百美元的成本,但是回报期不超过 3 年(见表 4.4)。这些措施都具有极高的成本效益。当规划措施的经济结果不确定时,考虑到管理层所接受的回报期和折扣率,可以计算其成本并与节约的费用做对比。一个项目越难实施,就越有可能需要大规模的技术重组,比如,用地热制冷来替换以制冷机为基础的空调系统。

表 4.4　澳大利亚酒店客房典型节水

组成	最佳实践	现有用法	每间客房节约		供应和安装成本	描述	预计回收期(年)
洗澡	9升/分钟(AAA级)	15升/分钟	28千升/年	100美元/年	50—120美元	新淋浴头,加上流量控制选项	0.5—2
厕所	6/3双冲	11升	17千升/年	30美元/年	400美元	新锅和水箱	>5
脸盆	6升/分钟	12升/分钟	5.3千升/年	15美元/年	20—40美元	喷嘴或水龙头上的流量控制	1.3—2.6
清洁	—	—	3.7千升/年	10美元/年	0	典型的节省	0
总计:	—	—	54千升/年	155美元/年	470—560美元	—	0—2.6

资料来源:悉尼水务(2001),史密斯等(2009a)。

资料盒 4.1　对塞浦路斯水资源的测量、审计和监督

3 年的干旱,供水系统的漏洞导致相当多的水资源流失,政府对解决水资源问题的持续漠视,最后,只能靠引入限时供水措施来说服塞浦路斯的酒店业必须根据缺水现状来开展营业活动。水成本可能是一个因素,因为每天需要通过昂贵的海水淡化才能提供 10 万立方米的水。

2008 年 11 月,与塞浦路斯可持续旅游计划(the Cyprus Sustainable Tourism Initiative)一同发起的一个项目,得到了英国旅游基金会和塞浦路斯旅游局的支持,旨在提高水意识、汇编与酒店业节水节能措施和实践有关的信息、监督用水量以及估算节水量。

最主要的挑战是与酒店经理接洽,对于是否要提供相关信息,他们在项目初期表现得迟疑不决。不过,在报名的 106 家酒店中,有 63% 的酒店收集了资料并且参加了该项目。在评估了收集到的数据、解决了相关顾虑,尤其是消除了对引进节水节能措施期间导致收入减少以及安装新设备的成本问题的忧虑之后,这些酒店还实施了一系列的节水节能措施。最终实施的措施包括:

- 安装水流小的淋浴喷头和水龙头低流量装置;
- 减少马桶水箱的储水量;
- 安装冰箱风幕/风幕柜;
- 在较少使用的区域安装移动传感器;
- 浴室内安装水流减速阀门;
- 泳池浴室内安装自动断水装置;
- 安装符合冰箱使用的延时动作感应器,以便压缩机不会一打开冰箱门就启动;
- 在柴油管上安装磁环,促进燃料更有效地燃烧;
- 把 1.5 升的瓶装水换成 1 升;

- 浴室的提示卡上显示床单更换的选择;
- 所有房间配有钥匙卡。

总体来说,该项目是成功的。从 2008 年 5 月至 10 月,根据项目的记录,已经节约了 131 833 立方米水,相当于减少了 10% 的耗水量,节约了 26 万欧元的成本。值得一提的是,该项目实现的成就还包括减少了超过 90 万千瓦时的能源使用量,即使这只相当于降低了 1% 的消耗量,但节约了 34.5 万欧元的费用。

我们的结论是,从该项目中获得的经验教训来讲,所有的酒店常常能够通过非常简单的措施来节约水和能源。然而,想要取得更重大的成果以及意识到减少能源的使用将意味着节省资金,还要靠有决心、致力于改变的酒店经理。另外一个重要的教训是,即使酒店已经采取了最佳的实践,实现进一步节约还是有可能的。塞浦路斯可持续旅游计划得出的结论是:项目经理是该项目成功的关键。与此同时,当竞争力随之产生的时候,这些项目的影响更加深远。比如,从水的使用基准入手,当私人旅馆或者单体饭店加入时,其基准可以匿名化,或者在连锁酒店参与这些项目时仅在内部公布相关信息,以此产生竞争力。

资料来源:旅游基金会(2009)。

连锁品牌管理着众多的酒店,基准有助于在有效用水的管理方面产生竞争力。例如,雅高集团(1998)公布,基准对于酒店经理来说,就是明确目标使用量,这就意味着高于预期或者是低于预期都是可能的(见表 4.5)。希尔顿酒店和斯堪迪克酒店以及其他的许多酒店也发布了相似的基准(Bohdanowicz-Godfrey & Zientara, 2014)。根据地域和水资源相对充裕程度,基准也可以设定得很绝对,如为一个特定地区定义什么是可持续发展,以及推动管理来实现特定的目标(见下文)。

表 4.5　雅高集团酒店管理人员的管理基准

耗量(立方米/天)	每间入住客房	每一餐	花园(每平方米)
一级方程式	0.14	—	0.3
伊塔	0.20	—	0.3
宜必思	0.26	0.05	0.3
美居	0.34	0.08	0.3
诺富特	0.31	0.08	0.3
索菲特	0.58	0.15	0.3

资料来源:雅高集团(1998)。

行动方案

通过实施行动方案,管理的关键问题才能得以开展。为了达到这一目的,识别最耗水和能源的区域显得尤为重要。正如之前已经提及的,这些区域包括花园和泳池、客房消耗、洗衣房和厨房。能源消耗很可能与空调和室内采暖有着显著关联,这取决于当年的气候和季节。一旦最重要的耗水部门被确定,减少用水量的方案就可以根据行为、市场和技术这三方面的措施来讨论,并且考虑拟议的变动所带来的经济影响。以肯尼亚的一家度假酒店为例,表 4.6 所示的是该酒店如何开展成本评估活动的(Kuoni,2013)。

该行动方案包含四个不同的管理步骤:

(1)明确能够通过适当降低成本来节水的区域。

(2)建立一项监控制度以长期控制耗水量。

(3)确定让顾客和员工参与的最佳方案。

(4)明确总体的用水削减目标、优先实施的项目以及实施时间,包括短期、中期和长期目标。

表 4.6　肯尼亚一家酒店的行动计划摘要表

(1)人均消耗量		
平均每日消耗量	577	立方米 / 天
入住一晚的平均消耗量	1.07	立方米 / 晚
最大消耗量	1.22	立方米 / 晚
最小消耗量	0.88	立方米 / 晚
行业平均水平	0.95	立方米 / 晚
你的平均值	高于行业平均水平	1.12 倍
最佳实践	0.9	立方米 / 晚
你的平均值	高于行业平均水平	1.18 倍
(2)基础水成本		
主要供水	地下水	
此构成	总供应量的	94.5%
水的平均总成本	18	kshs/ 立方米
软化水	59	kshs/ 立方米
脱盐水	38	kshs/ 立方米
雨水	4.5	kshs/ 立方米
(3)热水成本		
热水—太阳能成本	0.18	kshs/升

热水—电加热器成本	0.38	kshs/升
热水—燃油锅炉成本	0.18	kshs/升
（4）洗衣费用		
洗一条毛巾	花费 32.0	kshs
	使用 9.6	升水
洗一条床单	花费 42.0	kshs
	使用 9.6	升水
（5）配套设施的流量测量		
以下区域的平均流量为		
——客用浴室水槽	大于最佳流量	2.7 倍
——客用淋浴	大于最佳流量	2.1 倍
——工作人员洗手间水槽	大于最佳流量	0.95 倍
——员工洗手间淋浴	大于最佳流量	2.5 倍
（6）水预算分析		
部门用水如下（估计）	立方米/天	占总数的百分比（%）
——洗衣房	38	8
——客人	185	37
——工作人员	66	13
——健身俱乐部/水疗中心	1	0.1
——灌溉	180	36
——厨房	27	5
——游泳池	4	1
——其他（水上运动、高尔夫俱乐部等）	0	0
总平均日消费量（估计）	502	
（7）毛巾再利用		
目前毛巾的再利用率	16%	
这	低于最佳实践	14%
（8）CBA 公司洗衣		
再利用提高	35%	
你会减少洗涤的物品	55 822	件/年
节省洗衣费用	1 783 591	kshs/年
节约用水	535 886	升/年
这相当于	总用水量的	0.25%
（9）CBA 公司卫浴用具		

续表

设备浪费的总水量	43 014	立方米 / 年
这相当于	20%	的总消耗水量
额外费用	2 939 485	kshs/ 年
更换所有浪费水资源的配件的总成本	7 460 400	kshs
所有配件的回收期	2.5	年
最浪费水资源的设备 ——总耗水量	客用淋浴 19 057	立方米 / 年
最浪费水的设备中成本最高的 ——额外所需成本	客用淋浴 2 514 259	kshs/ 年
具有最快投资回报期的卫浴洁具 ——具有回收期	员工用的淋浴 0.4	年
投资回收期最长的设备 ——具有回收期	客用厕所 63	年
(10)污水处理系统		
提出的系统类型	建设湿地——提议	
减少其他来源所需的水量	65.754	立方米 / 年
这相当于	31%	的总消耗量
等价成本	724 545	kshs/ 年

注:kshs,肯尼亚先令。

资料来源:Kuoni(2013)。

监督

监督是任何减少资源使用的方法的关键要素。比如,在旅游业中为减少水消耗所做的初期努力也许不会持久(例如,员工的某些行为和 / 或者人员流动),需要持续的培训。某一项目的目标也许不会实现,从而导致多于预期的费用。而在其他的区域,最终可能实现比预期更多的节约。因此,监督能够让管理者了解到哪些地方需要再次投入努力,哪些地方的削减相对容易。监督还能有助于识别漏洞,而漏洞往往会导致大量水体流失,从而带来经济损失。

员工培训

员工在持续性管理中是必不可少的,因为他们是与客户接触的人,这可以给他们提供机会,把环境保护行动积极地传达给顾客。另外,因为有的员工负责检查房间(比如清洁客房),他们可以监控漏水或者用水装置的其他问题。清洁人员也会大大增加用水量,比如,当他们在一个房间内不止一次地刷马桶的时候。为了授权给员工,使其成为环保工作中的管理者和传递者,让他们理解水管理的潜在原因以及向他们提供酒店开展此方面活动的相关知识至关重要。

希尔顿酒店在 2006 年至 2008 年期间开展的员工培训可作为一个成功的员工培训活动的范例。希尔顿为 1.6 万名员工组织了环境研讨会,员工通过参加生态学习课程,了解相关环境问题(Gössling,2010)。这些课程的设计包括一系列特定区域的小测验和游戏,比如厨房或者保洁区域。为了鼓励团队成员参与到环保活动当中来减少资源使用,竞争活动组织开展了三年以上,最后奖励表现最佳的酒店团队一辆山地自行车。这一举措帮助希尔顿酒店集团在欧洲总共减少了 15% 的能源使用量以及 8% 的耗水量,同时避免了 1100 万欧元的能源和用水成本支出。一半以上的节省与员工的行为改变有关,这是由酒店提供的培训所带来的结果。欧洲大陆的希尔顿酒店总结出,该项目的成功,一部分原因存在于竞争因素,包括奖励、趣味、关注减少资源的使用(而不是成本)以及公司高层的支持。然而,从中得到的教训包括,生态学习课程应该设定可实现的目标,并且是一种持续性并能保持活力的努力,与此同时,授权给员工。希尔顿保护水和能源的开创性行为不仅获得了世界性的关注和积极的媒体反应,也对员工和顾客忠诚度产生了积极的反响。

创造顾客意识

对是否应该让游客参与到环保活动中来,意见产生了分歧,即使有证据显示,大多数的游客对适度地参与持开放态度(Gössling,2015)。对于此事,最重要的一点是酒店如何表态,即他们是否应该公开并自豪地宣布其保护环境的雄心壮志和取得的成就,还是不让顾客知道这些行动。在信息传播公开的地方,有可能产生"积极参与"效应,即游客会支持一个机构(酒店)所开展的活动,认为酒店是在对相关问题进行积极的实践(见图 4.3 和图 4.4)。正如后面进一步讨论的那样,游客在特定心理社会文化背景下会参与环保活动。在某些情况下,可以让游客特别积极主动地参与进来。Kuoni(2013)的"和我们一起成为水冠军"的活动就是一个很好的例子。在此活动中,Kuoni 向顾客提供节水小窍门,请他们在刷牙的时候关紧水龙头、重复使用毛巾、告知客房部浴室内任何漏水的情况。Kuoni 甚至鼓励游客提出并分享他们自己关于节水的想法。为了强调开展"水冠军"活动的决心,Kuoni 表明了清洗一条毛巾所需要的成本,并公开宣布把少清洗毛巾所节约下来的钱捐赠给当地社区的水资源项目。之后,游客不再要求每天换新毛巾,这样做的游客会得到一张蓝色贴纸作为奖励,相当于一个信用点。入住的游客日积月累,这样节约下来的钱积少成多,最后捐赠给水资源项目。

图 4.3　酒店采取让顾客参与环保的实践

注：该图展示的是希腊罗德岛一家叫希腊太阳之翼的酒店的入口区域。公开且积极主动的环境目标传播，将环境绩效纳入酒店质量框架，促进了顾客对酒店环保活动的支持。

图 4.4　酒店把一项特定的选择提供给顾客

注：在这样的情况下，入住 3 天后可以更换床单，顾客通常会接受，认为这是一项合理的标准，尤其是在生态旅游活动中（参照澳大利亚的埃利奥特夫人岛）。但是如果有需要的话，这张卡片也给顾客提供了更高频率更换床单的机会。

　　在提出这一策略时，Kuoni（2013）强调"水冠军"这个想法一定能从各举措中获利，旅游经营者也鼓励这些举措的实施以保持其参与性。基于以下 10 条指导原则，可以便捷地对以上部分加以总结。

　　（1）致力于对水的可持续管理的长期参与。

　　（2）购买水表并安装在关键位置，以便确定整个酒店的用水量（例如洗衣房、厨房、泳池、花园 / 草坪、客房、员工宿舍、水疗中心等）。

　　（3）收集基础的用水数据，使用本指南详细介绍的工作表完成简单的计算。

（4）记录几周的耗水量,分析每位游客入住一晚的耗水量。

（5）实施节水实践(技术方案、员工培训等)。

（6）持续对耗水量的数据进行记录,计算节省下的资金。

（7）汇报取得的成就和行动方案。

（8）致力于与"获取水源"(或者水质改进)相关的社区项目。

（9）调查顾客逐渐增加的意识程度和参与度。

（10）展示节水冠军奖品。

管理机会:灌溉、泳池、厨房和瓶装水

灌溉是主要的用水项目之一。从管理的角度来说,这产生了一个问题,即如何使土地、水文和植物更好地相互作用。例如,许多发展中的小岛屿国家土质很疏松,灌溉水很快就流走了,必须持续性灌溉。对这样的土地来说,改善土壤中腐殖质的含量可以提高土壤的储水能力。腐殖质可以通过堆肥产生,也就是说,把食物垃圾转换成的有机化合物用来改善土壤特性和最终的养分循环。另外,景观美化也能大幅度减少耗水量。例如,史密斯等(Smith et al., 2009a)表示通过一系列措施可以节约30%—50%的水,比如选择抗旱性强的草或者其他植物,用覆盖物覆盖花园苗圃以减少水蒸发,使用电子调节器和湿度传感器进行滴灌,使用灰水或者收集到的雨水进行灌溉。为了减少土壤水分蒸发蒸腾量,草坪的洒水系统应该在黎明前运行。在许多区域使用本地植物进行景观美化可以减少总的灌溉需求(Garmody, 2007;Harris & Varga, 1995;Thompson,2008),而一些地方则会使用屋顶花园这种较有价值的方式来增加水补给,有助于维护生物多样性并且提供一种隔热的手段。

在建有泳池的地方,泳池就成为耗水的第二大因素,因此在设计和规划酒店的时候,考虑泳池的大小和容量是很重要的。尽管深泳池增加了总体用水需求量,但从蒸发的角度来说,泳池的大小是很重要的(Smith et al., 2009a)。喷泉、瀑布和其他能够使水流动的设施都会增加蒸发量。小泳池可以在夜间被覆盖起来,但是这对于酒店夜景的组成部分(照明)——不规则的泳池来说并不是一个办法。除了减少反复冲洗和以海水代替淡水这两种选择之外,减少泳池用水的措施很有限。但是在这种环境中存在多种选择。比如,希腊罗德岛一家叫桑普瑞姆(Sunprime)的酒店公布,在换季之初会给游泳池注入海水,随后补充淡水,以弥补蒸发。通过这样的方法,在最开始的注水过程中就不会使用淡水。图4.5展示了另外一种解决办法,即当有两个泳池的时候,其中一个包含淡水,而另外一个包含海水,在满足不同客户喜好的同时减少对淡水的需求。淡水泳池是否可以完全被海水泳池取代也是通常被考虑的问题。采取这种做法的酒店,为了防止海盐的堆积和海藻的生长,其泳池里的海水可能需要不断地循环流动。

图 4.5　双泳池容纳淡水(左)和海水(右)

注:盐水泳池似乎得到了大多数旅客的认可,并且可以在有多个不同池子的时候取代一个淡水泳池。这一做法有助于
显著减少淡水消耗量。

　　厨房与水的消耗是直接相关联的,例如清洗、准备、解冻和烹饪食物的时候,以及
清洗厨具、烹饪器具、餐具和刀具的时候。用以减少水的使用的各种各样的技术选择
将在后面进一步讨论。然而,对于厨师和酒店经理来说,基于成本效益分析,仍然可
以提出许多节水的方法。通常,除了考虑采购的食品成本,没有多少酒店会考虑食品
管理的含义。食物采购支出大约为营业额的 30%—50%,采购地方美食、有机食品或
者更昂贵的食物时,都必须与附加客户价值和销售中的潜在利润相权衡。为了更好
地理解这些食品管理问题,希腊罗德岛的一家五星级酒店提供了一张采购清单,以及
用到的每种食品的每千克成本。图 4.6 中列出了从一年中采购的 150 种不同的食物
中精心挑选的最重要的 70 种。

　　图 4.6 显示,关于每千克的采购成本,每种食品的差异是较大的。乳制品、某些鱼
类和海鲜以及肉类是比较贵的,而水果、蔬菜和碳水化合物食物相对便宜。这为提供
大量非肉类的菜单提供了机会。另外,图 4.7 也表明每种食品的采购数量和它们的总
成本有关。肉类和冷切盘比乳制品等食品所占的成本比例高得多,而与采购的总数
量相比,水果和蔬菜的成本很低。依据酒店及其当前的肉类供应计划及客人类型调整
菜单,可以更好地体现品味,同时也可以减少耗水量,对酒店管理而言,经济效益更高。

　　总体来说,文献中已经提出了很多低耗能和低用水的食品管理规定(Gössling
et al.,2011,2012)。这些规定包括采购、准备和呈现(展示)三方面。

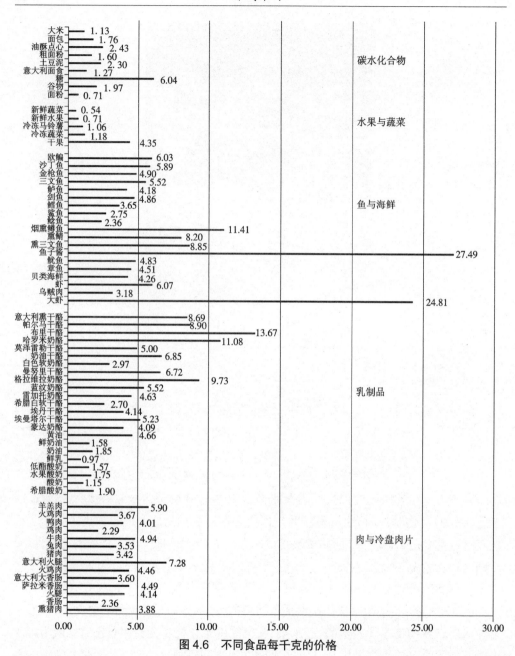

图 4.6 不同食品每千克的价格

资料来源：总经理 Nikos Portokallas 的个人访谈，2013 年 10 月。

采购

（a）尽可能少买政策

• 尽可能少买温室里生长的蔬菜；

- 尽可能少买需要空运的蔬菜；
- 尽可能少买特定物种，比如大虾、明虾、虎虾、龙虾等；
- 尽可能少买进口牛肉；
- 尽可能少买铝锡。

（b）少买政策

- 少买牛肉；
- 少买深海鱼类（比如鳕鱼）；
- 少买人工养殖的肉食性鱼类（比如鲑鱼）；
- 少买大米；
- 少买非时令的食品。

（c）多买政策

- 如果运输距离短，多买当地产的食物；
- 多买土豆；
- 多买谷物类食物（包括意大利面食）；
- 多买远洋鱼类；
- 多买猪肉；
- 多买鸡肉；
- 多买保质期长的食品。

准备

- 购买可再生能源；
- 在日常的烹饪中使用高能效能源；
- 菜单上印有肉类少蔬菜多的菜肴；
- 计划采购，避免浪费；
- 把食物垃圾和普通垃圾分开。

呈现

- 总是展示吸引力大的素食选项；
- 减少自助餐的分量，并定时补充食物；
- 减小自助餐餐盘的尺寸；
- 安排自助餐时，把耗水量少的食物放在中心位置；
- 培训员工在服务时推荐耗水量少的菜肴（点菜式）；
- 不用一次性包装。

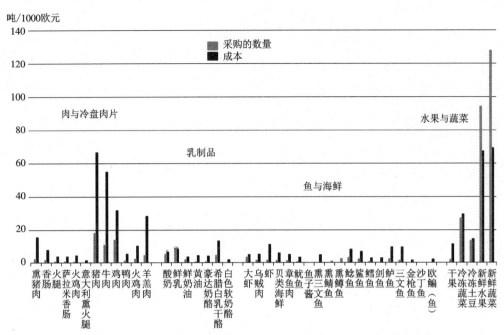

图 4.7　食品采购数量与采购成本比例

资料来源:总经理 Nikos Portokallas,个人访谈,2013 年 10 月。

与水管理有关的另一方面是瓶装水,其能源足迹相当大(Gleick & Cooley, 2009),就产生的垃圾而言,瓶装水的问题尤其严重。许多目的地,尤其是热带地区,还无法处理游客消费后留下的大量空塑料瓶。然而,塑料瓶装的只是纯净水,因此可以轻易地被现在已经开始使用的玻璃瓶系统所取代。以斯堪迪克酒店为例,该酒店是环境友好型住宿实践的先驱。该连锁酒店在 2008 年决定逐步淘汰塑料瓶,自己设计并利用西班牙的可回收玻璃制造瓶子。从那个时候开始,斯堪迪克给顾客提供过滤后的自来水,如有需要,也提供苏打水,其质量接受定期的监督和检查。尽管玻璃瓶的投资成本很高,但是该酒店引进此系统却具有经济效益,同时,旅客普遍都赞成用漂亮的玻璃瓶取代塑料瓶(见图 4.8,该图所示的是来自希腊的一个玻璃瓶样品)。最后,客房管理的注意事项包括:

• 减少洗涤量和洗衣重量(使用中等质量的毛巾、中等尺寸的毛巾;避免在饭店使用厚重的亚麻布餐巾);

• 房间清洁:在离开酒店房间时仅冲一次马桶;

• 员工要上报漏水的马桶和水龙头等;

• 技术人员:对水管、水柱、水龙头、马桶等是否漏水进行检查,一年两次(在旺季的开始和结束阶段)。

图 4.8　希腊斯恩特德(Sentido)阿波罗蓝色酒店的瓶装水

注:这是一种减少塑料废物的非常规方法,能节省运输和配送所需能源,并能提高客人对质感的品位。酒店决定大量减少需要处理的塑料瓶。玻璃瓶可以重复使用,易于清洁,并被客人认为在设计和质量方面优于塑料瓶。

3. 社会营销和行为改变

社会营销是运用商业营销观念和手段来促进社会行为转变的一种方式(Hall,2013a)。社会营销——“运用营销原则和技巧来影响目标受众,使其为了个人、集体或社会的整体利益,自愿接受、拒绝、改变或者放弃某种行为”(Kotler et al., 2002：5)是营销的一个领域,其意义越来越重大,尤其在政府想使用非监管机制来改变个人和集体行为时,以及企业和组织试图在某些情况下改变客户的行为时。目前,“尽管改变游客和旅游企业的行为的重要性受到了广泛的关注”(Truong & Hall,2013：1),尤其在可持续旅游的背景下,但是对水资源保护和旅游方面的社会营销潜力的关注却少得惊人。然而,社会营销和行为改变离不开对供水技术和结构的改变(Hall,2013a,2013b)。企业和目的地可能试图改变供应的性质来减少耗水量,但游客也需要接受改变,并且在某些时候,还要改变自身的行为。然而,重要的是,一定要意识到,忽视技术建议而孤立地进行行为改变本身只能得到有限的结果。因此,改变游客的用水习惯甚至在某些情况下改变企业的用水习惯,社会营销必须与技术和监管变革齐头并进。

很多人认为,环境问题的相关知识和“正确的”行为指导对鼓励环保行为很重要。常用的机制可能是宽松的政策工具,比如在旅游业中随处可见的生态标签(Gössling & Buckley,2015),或者给顾客提供酒店正在参与的环保项目的信息。然而,重要的是,社会营销不仅仅是教育或者信息的提供。仅仅提供信息就希望人们理性行事从而导致行为改变,希望成真的概率极其有限。相反,社会营销是以一个问题的系统解决方法为基础,该方法需要目标市场的行为改变,是行为改变方法这一统一体的一部分(见图 4.9),行为改变方法包括“宣传教育”“包容奖励”“因势利导”“限定范围”和

"小惩大戒"（Hall，2013a；Thaler & Sunstein，2008）：

• 宣传教育：提供与某些行为有关的信息，例如，浪费水的行为及其消极影响（外部性），符合自身的利益时，相信个体会改变其行为。

• 包容奖励：这部分包括对改善的用水行为进行的一系列奖励办法——尽管对个体来说，通常不是直接的金钱奖励，但是常常会有代金券或者打折，但对企业来说可能就是金钱上的奖励了。例如，减少酒店的财产税，作为鼓励酒店采用节水技术的回报；或者有顾客高度重复使用毛巾或者向酒店提出关于环境改善的主意，就给他们提供诸如一盒水果之类的奖励。

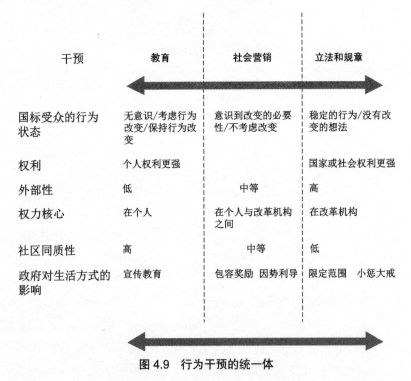

图 4.9　行为干预的统一体

• 因势利导：该方法基于行为可以在没有强制力的情况下自愿改变，包括使用经济或者时间奖励，或遏制，或社会营销，吸引人们采取行动。比如，强调社会规范或者人人渴望的社会地位，可以鼓励人们改变行为，因为他们想要以一种特殊的方式被看待或者以某种方式看待自己。戈德斯坦等（Goldstein et al.，2008）开展了一项和此问题密切相关的研究。在两项田野调查中发现，利用描述性规范的诉求（比如，大多数顾客都重复使用他们的毛巾）要比广泛使用的只关注环境保护的传统诉求，如呼吁理性行为（一条教育宣传标语）更具优势。此外，规范性诉求在描述集体行为时最有效，该行为发生的背景最符合个人当前所处的情景（例如，入住该房间的大多数顾客都会重复使用他们的毛巾），这就是 Goldstein 等（2008）所指的地方规定。本章将会对此项研究进行更详细的讨论。

- 限定范围：此方法比因势利导更为慎重，是一种轻度的监管方式。例如，因为对地下水供给的需求，某些规划部门会限制一些地区的某种住宿和设施，但不会禁止所有的活动。同样，某些活动，比如临近溪流的过夜露营，考虑到露营活动对水质的影响，某些汇水处会禁止设立露营点，但其他地方不会。
- 小惩大戒：该方法是所有政府监管措施中最具有强制性的，完全禁止某事或者向水污染等类似事件施以巨额的罚款。

简而言之，社会营销的过程分为以下阶段：

- 明确问题。
- 进行市场调查。
- 市场细分和目标市场确定。
- 设立干预目标或者项目目标。
- 设计合适的营销策略，包括对 5P 的考虑：产品（服务）、价格、渠道、促销、政治。
- 实施并监督干预项目。
- 评估项目。
- 重新开始！（重新）明确问题。

和商业营销一样，社会营销在本质上仍然建立在交换和竞争的概念上（Andreasen，2012）。然而，社会营销拓展了商业营销的交换概念，把社会营销设计为目标受众的行为改变是为了他们直接或间接的利益而自愿进行的交换。因此，与行为改变相关的成本具有多种形式，不仅仅是金钱的形式，还有其他的形式，比如快乐和在同辈群体中的地位，甚至于环境行为，做"正确的事情"就行了。归根到底，为了让人们去尝试新的做法，其感知利益必须超过感知成本。为了做到这一点，关注点可以集中在以下方面：

- 增加并强调目标受众的利益。
- 减少或不强调采取新做法的障碍。
- 为实现交换而改变产品、渠道、价格或者促销。

社会营销中的竞争概念是指给目标受众提议的新行为会与现存的行为和 / 或其他可能采用的潜在新行为竞争：

行为改变是一个改变、维持或者鼓励目标受众停止正在进行的某一具体活动的过程。行为改变通过创新、交流、传达以及交换有竞争力的社会营销提议，以吸引目标受众的自愿改变，并由此给社会改变活动的接受者、合作伙伴以及更广泛的社会群体带来益处。（Dann，2010：151，着重号为原文中所加）

给目标受众的提议可能会把其竞争行为变得毫无吸引力,例如,在经济和时间成本方面,或者在目标受众的社会接纳度、社会地位或者个人利益方面。因此,社会营销旨在开发产品、服务和信息,这些可以给人们提供所看重的交换内容。资料盒4.2中美国切萨皮克湾通过限制危害环境的行为,鼓励人们改进水质,这就是此类活动的一个很好的例子。

资料盒4.2   在切萨皮克湾为改进水质提出的改变行为:"保护螃蟹,然后吃掉它!"

切萨皮克湾是美国最大的港湾,但是海湾上快速增多的人口造成了污染的增加,污染多为来自污水和草坪肥料流失所带来的农业化学物造成。尽管管理条例规定地方工业要减少污染水平,但是环保活动并没有帮助实现当地居民和外来游客的可持续性行为改变。社会营销这一方式得到采用,用以寻找鼓励居民和游客付诸行动的办法,并且需要一项合理的交换条件来解决居民的质疑和惰性。

交换提议的焦点是蓝蟹,一种受欢迎的海鲜,但因为栖息地环境的变化,其生存遭受着来自环境污染的威胁。因此,当地居民和游客被要求改变他们的行为,把肥料流失所带来的问题视为食品问题而不是环境问题。这项活动的中心在于,没有完全禁止当地居民给他们的草坪施肥,而是说服他们在秋天施肥,而不是在春天,因为春天的大雨会把肥料冲进海湾。一项叫"保护螃蟹,然后吃掉它!"的幽默活动被媒体报道出来,媒体还将如何以一种有效的方式来着手管理草坪和整个海湾加以宣传推广。此活动是切萨皮克湾项目的一项创举——由联邦和国家机构、当地政府、非营利组织以及学术机构进行的区域合作。在干预活动开展之后,造成污染的草坪管理行为的意识得以提高,意图在春季进行施肥的行为相应减少。没有数据显示有多少只螃蟹被吃掉了! 正如梅里特等(Merrirtt et al., 2011)总结的:

这是社会营销如何进行确定交换条件,改变几十年来让人们感到厌倦的以信息为基础的呼吁行为的一个很好的范例。

不管是刻意还是无意的,人们会在他们决定行动之前进行一定程度的成本和利益分析。通过采取社会营销的方式并提出交换,你才能确保提供的利益是你的受众群体所重视的。

切萨皮克湾项目:http://www.chesapeakebay.net/。

安瑞森(Andreasen, 2012)强调社会营销的"价值主张"不一定要根植于特定的产品或服务中,尽管这样会给许多机构和企业带来实际而极具诱惑的结果。相反,"价值主张"存在于行为当中。因此,他强调许多的行为目标,这些目标都是社会营销努力达成的事情的核心所在。

- 开始某种行为:例如,把当地食物列在菜单上。
- 转变或替代某种行为:例如,在饭店、咖啡馆、酒店使用可重复使用的玻璃瓶装水,而不是用塑料瓶。
- 停止某种行为:例如,没有使用房间时,确保关闭里面的空调。
- 不要开始某种行为:例如,不要在露营或徒步旅行的时候污染河流湖泊。
- 持续某种行为:例如,重复使用毛巾,而不是把毛巾扔到外面再集中收去清洗。
- 增加某种行为:例如,餐厅在菜单上更多地列出本地食物。
- 减少某种行为:例如,缩短洗热水澡的时间,因此可以减少能源和水的使用。

Andreasen 的行为焦点提供了有用的框架,不仅有助于理解更广阔的营销范围,还可以理解旅游背景下改变行为的社会营销的含义。

4. 改变行为

最近几年,游客行为和促进合作行为的干预措施组成了一个学术界越来越感兴趣的领域,尤其是在气候变化和环保行动的背景下(如 Goldstein et al., 2012; Steg & Vlek,2009;Stoll-Kleemann et al.,2001)。旅游通常被认为是一个享乐空间,在此空间内,行为改变尤为困难(Hall,2014)。沙恩(Schahn,1993)提出了许多使行为改变的不可能性变得合理的借口。

（1）转移责任的隐喻:"我以其他的方式保护环境。"

（2）谴责控告者:"你没有权利盘问我。"

（3）否认责任:"我不是造成此问题的主要原因。"

（4）拒绝指责:"我并没有做什么具有破坏性的事情。"

（5）忽略:"我只是不知道我的行为所带来的后果。"

（6）无能为力:"我只不过是万物中一个极其渺小的存在。"

（7）约束限制:"阻碍重重。"

（8）洪灾之后:"未来会给我带来什么?"

（9）舒适:"对我来说,改变实在是太难了。"

斯托尔 - 克林曼等(Stoll-Kleemann et al., 2001)把这些借口进一步分成了四类"否认",包括舒适型、公共悲剧型、管理困境型和不信任政府型。具体来讲,舒适型是指不愿意摒弃习惯或者喜欢的生活方式,这主要和自我认同感有关。公共悲剧型主要是指自己采取行动的成本高于其带给其他人的价值,反映出没有人愿意无私地付出。管理困境型认为所有问题要么与自己无关,要么可以通过第三方解决,比如通过科技或者规章制度的发展。不信任政府型是指这样一种看法,即其他人不会参与到行动中来,因此自身的行动变得毫无关系。因此,史泰格和维乐克(Stey & Vlek, 2009)建议,为了改变行为,理解潜在的因素是极为重要的,包括感知成本和感知利益、道义规范问题、影响、环境因素和习惯。

在旅游相关研究中,提出的普遍问题为:考虑到商务旅行和闲暇活动的享乐性,让旅游者参与环保活动是否有意义? 并且预料到,旅行期间需要克服的心理障碍会比"在家"消费更多。例如,在一项对坐飞机出行的旅游者进行的研究中发现,仅有1/3的被访者认为,他们应该对其乘坐的航班所造成的排放物负责,而大多数游客建议,应该采取相应的措施的,要么是航空公司和制造商,要么是政府(Gössling et al., 2009)。因此,有人主张进行产业结构调整,这会比计划干预措施来影响消费更为有效。

本书认为,由于各种原因,影响游客和员工行为都具有重要意义。首先,现有的研究表明,旅游者的行为可以被影响,即便只能受到中等程度的影响(Hall, 2013a)。然而,由于旅游者开始把企业的"环保活动"视为质量的一个标志,这种看法将来很可能日益增多(如图4.10所示)。理想情况下,游客甚至会带着这些环保理念回到家,在家中践行更加环保的积极观念。总之,与环保观念相符的行为不再矛盾,因为环保活动在欧盟国家和其他一些地区获得了大量的公众支持(Eurobarometer, 2011),环保知识也在普遍增加(Barr et al., 2010)。从商业的角度来看,信息宣传和信息策略并不昂贵,如果积极开展,在节约成本的同时还将有助于增加游客忠诚度。但这需要把陈述性知识、程序性知识和效用性知识融入此类信息,例如,不仅仅要阐述问题,还要表明行为可以如何被改变,以及行为改变将产生什么影响(van der Linden, 2014)。

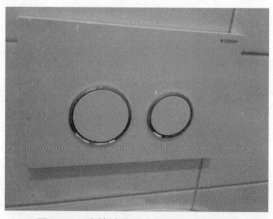

图4.10　清楚地传达出马桶的冲水选项

注:最佳的操作模式是使用1—2升水进行小量冲水,使用6升水进行大量冲水,这种先进的设计能够吸引旅游者。

因为水消耗存在于能源消耗和食品消耗中,实际上,度假的所有阶段都是影响环境保护变化的重要方面,包括:目的地的选择,越长距离的目的地明显需要更多的交通能源;对于交通方式,地面交通是一个选择(火车和公共汽车比私家车更节能);住宿选择，豪华奢侈型酒店消耗的资源通常比小酒店更多。接下来的两个部分将详细研究两种消费，从而概述干预行为选择时所涉及的困难和复杂性，比如食品选择和毛巾、床单的更换。

食品选择

食品是一个酒店最重要的可持续发展问题之一。因为在其生产、销售和准备的过程中，会产生一系列的社会和环境效益，同时，生产食物需要大量的水。本书的前面部分提到过减少肉类的比重及提供大量的蔬菜和水果的重要意义。因为酒店里大多食物以自助餐的形式提供，所以对于只能倒掉的残羹剩饭来说减少食物浪费也非常重要（见图 4.11）。总体来说，有证据表明素食、当地食品及有机食品越来越受游客青睐。资料盒 4.3 所示的是对入住希腊罗德岛一家四星级酒店和一家五星级酒店的游客的调查结果，该结果显示，考虑到之前概述过的食品管理原则，该酒店食物供应的调整空间还很大。要采用不同的策略来使食品浪费最小化。例如，在柏林的马里提普艾特（Maritime pro Arte）酒店里，只把直径为 26 厘米的小盘子提供给客人，由此盘子的"过量负荷"就被保持在最小（Gössling，2010）。自助餐较深的盘子的直径也小到只有 18—26 厘米，最多只能装满 10 份菜肴。这样有助于避免客人感觉自助餐已经被"掠夺一空"，并且自助餐之后需要倒掉的食物份量也减少到最低。同时，不断地补充食物会产生一种所有的食物都是刚做好，直接从厨房端出来的效果。在较深的盘子深碗补充食物的同时，服务员可以对客人如何看待自助餐、是否对供应的食物感到满意等进行掌控。马里提普艾特酒店还把肉类食物放在自助餐厅的边缘，而不是放在中心位置，以此鼓励客人选择素食。所有这些措施都对消费者行为产生了显著影响。

图 4.11　游客在澳大利亚天阁露玛岛（Tangalooma Island）度假酒店的早餐桌上留下的残羹剩饭
注：制作食物会造成许多环境影响，浪费食物明显增加了间接的（全球）耗水量。

资料盒 4.3 希腊罗德岛的食品可持续选择

食品是旅游业最敏感的一部分。从环境的角度来看,很少有东西涉及像食品生产那么多问题,包括使用杀虫剂、砍伐森林开发种植园(比如,生产大豆喂牛),或者动物福利。食品生产也是耗水的一个重要因素,约占一次度假中直接和间接的总体水消耗的85%。另一方面,食物消耗是旅游业和餐饮行业中最核心的一个方面,逐渐成为度假的质量标志,并且能够影响度假观念。提供多样选择的大型自助餐已经成为度假中广受欢迎的一部分,引导着对目的地的感知和度假的品质。

为了得知食品的哪些方面更为重要,希腊罗德岛一家四星酒店和五星级酒店的103名游客在2014年6月接受了采访,这是一份国际样本。采访的问题包括民族特色菜、本地食物(并非进口食品)、有机食品、肉类、鱼类、大(虎)虾以及整体的饮食习惯的重要性。为了评估这些方面的相对重要性,采用了李克特5分量表(从表示"非常重要"的1分到"完全不重要"的5分,见表4.7)。结果显示,绝大多数人(79%)认为民族特色菜非常重要或者重要,只有4%的人认为希腊特色菜对他们的度假不重要。2/3(68%)的人认为采购当地食品很重要,而极少部分人(5%)觉得这没有什么意义。人们对采购有机食品的态度恰恰相反:一半(49%)的受访者对此持中立态度,另一半的受访者中,有24%的人觉得有机食品重要,28%的人认为不重要。最后是一种对环境有害的食物——大虾,只有22%的游客把这类食物看作他们度假的很重要的一部分,46%的游客认为这类食物不重要,1/3(32%)的游客持中立的态度。

表 4.7 不同食物的重要性(希腊罗德岛)

李克特量表	非常重要 ◄————			————► 根本不重要	
	1	2	3	4	5
希腊特色菜有多重要?	62%	17%	18%	0%	4%
本地或者当地购买的食品有多重要?	47%	21%	28%	2%	3%
有机生产的食品有多重要?	16%	8%	49%	9%	19%
大虾有多重要?	19%	3%	32%	9%	37%

资料来源:作者绘制。

结果显示,本地菜重要,购买当地食材来准备这些菜肴也很重要。大约有1/4的受访者认为有机食品采购重要,并且视其为提供给他们的附加价值。大虾与一部分游客的饮食密切相关,可以用诸如小虾或者当地的甲壳纲动物来替代,但其可能性需要进行深入的调查。

旅客还被问到是否有什么食物是"不可缺少的"(可多选)。几乎有一半(49%)

的受访者高度强调鸡肉，有许多（48%）的受访者选择的是鱼类，其次是牛肉（34%）、猪肉（29%），以及羊肉和素食（两者都占 14%）。在食品管理方面，制作鸡肉产品和（当地）鱼类水耗和能耗较低，并且在准备食物时，鸡肉菜肴更受喜爱。另一方面，牛肉是最耗水和耗能的食物，其使用量应该控制在最低限度。通过提供许多的非肉类选择，非肉类食品会更受欢迎。总体来看，需要注意的是，采访的游客样本较小，并且进行采访的两家酒店差别很大。另外，性别差异很大，对女性来说，她们对沙拉、水果和蔬菜更感兴趣。调查结果显示，不同的旅游人口喜好不同的食物，在调整自助餐的供应来反映水和能源管理问题时需要对上述因素加以考虑。

网站：www.waterfootprint.org。

毛巾和床单的更换

正如第 3 章讨论过的，毛巾和床单会带来相当大的洗涤量，是酒店里水和能源消耗的重要部分。因为顾及顾客对酒店服务的期望，许多酒店制定了每天更换毛巾（高达每位客人 3 条）和床单的政策。在这样的酒店里，鼓励顾客一条毛巾使用 2 天可以减少一半的洗涤量、水和能源的使用量以及洗涤剂，同时减少清洗人员的工作量。该领域的最新研究侧重于研究社会规范，即基于规范性诉求，要有鼓励酒店客人重复使用毛巾的有效性标志（Goldstein et al.，2008，2011；Shang et al.，2010）。

对于酒店节能项目中的描述性规范方法是否能有效地鼓励游客重复使用毛巾，Goldstein 等（2008）是第一个进行实证分析的。现阶段酒店毛巾重复使用项目的标准方法是基于类似"帮助我们保护环境"这样的声明，再加入一些关于这样做可以如何为保护环境、节约用水或者节约洗涤剂做贡献的额外信息（见图 4.12）。Goldstein 等（2008）使用描述性规范方法和替代的描述性规范信息，告知客人酒店里 75% 的客人都通过多次使用毛巾来参与毛巾重复使用项目，并且鼓励客人遵循其他客人良好的实践范例。以下内容提供如何参与该项目的指导（如，请把毛巾放在地上）以及此项目所带来的影响的相关信息（如，如果大多数客人参与此项目……这将节约 7.2 万加仑水、39 桶石油以及 480 加仑洗涤剂）。一家含 190 间房的酒店的示范区试验结果表明，这类规范信息大大提高了毛巾重复使用率。据对标准间的观察，其重复使用率从 35% 提高到了 44%。

图 4.12　鼓励旅客重复使用毛巾的有效性提示

注:客房环保信息已经很普遍了,但这经常会引起旅客质疑参与环保活动的真实性。旅客想要继续使用毛巾,但发现它还是被更换了,这让旅客对酒店参与环保项目感到失望。

　　在后续的试验中,Goldstein 等(2008)设计了 5 种不同的信息,邀请旅客参加毛巾重复使用项目,这些信息包括:①标准信息——"请保护环境";②描述性规范——"加入到其他旅客中来,一起保护环境",并同时告知酒店里 75% 的客人参与了进来;③相同的规范信息,但是告知入住该房间的 75% 的客人参与了进来;④一条内容为"加入其他公民,一起保护环境"的规范信息,同时告知已经有 75% 的客人支持此项目;⑤一条基于性别认同的规范,即"加入那些拯救环境的男女吧",也表明支持此项目的女性比例(76%)要比男性(74%)稍高。此外,结果表明,所有的 4 条描述性规范实现的参与度(44%)比标准信息所实现的参与度(37%)要高。特别成功的是,"同一房间认可的规范"产生了 49% 的毛巾重复使用率。

　　尚等(Shang et al.,2010)对毛巾和床单的重复使用进行了进一步的研究,其关注点在于重复使用营销活动的普遍意义,以及这些活动中使用的信息。Shang 等(2010)发现,此类项目有助于减少毛巾和床单的使用量,并且不赞成在项目的实施过程中涉及旅客。然而,旅客可能会把此类项目的目的视为帮助酒店节约经济资源,而不是实现环保效益,因此要求应在旅客参与活动时告知其实际节约的资金是如何重新分配的。例如,这可能包括把节约下来的资金捐赠给慈善机构,或者表明社会合规机制已经到位。尽管这类慈善机构(环境或社会慈善)对客人的意义很有限,但不给慈善机构捐款会让客人觉得酒店不关注社会问题。

　　关于毛巾和床单重复使用项目的更多研究关注"代理互惠"和"代理奖励"两个策略重要性的区别(Goldstein et al.,2011)。"代理奖励"策略鼓励旅客重复使用毛巾,采用的是基于捐赠以换取客人支持的方式。这主要是指一种事后的参与,在客人支持酒店的项目之后给予奖励。而"代理互惠"是指酒店的一种初始参与，即寄希望于客人承诺参与项目，先捐款，再给客人创造一种亏欠感，以便其做出回报。研究发现，"代理互惠"信息明显比标准的环境信息或者"代理奖励"信息更有效。

总之，从目前的关于行为改变的已有研究中可以得出许多结论。首先，参加毛巾和床单重复使用项目比不参加更具优势，规范性信息可以通过利用酒店标识来得以加强（Shang et al.， 2010）。另外，规范性信息应该强调，很大一部分客人在有信息提示的各自的房间里确实会支持毛巾或床单重复使用项目，并且信息中要涉及酒店把因为客人配合所带来的经济收益用来支持慈善机构了，从而要求客人采取互惠行动（Goldstein et al.，2011）。

尽管研究已经取得了重要的成果，但许多重大问题还有待解决。例如，之前提到过的，信息中应该加入知识的三个维度——陈述性知识、程序性知识和效用性知识（van der Linden， 2014）。目前，涉及田野调查的研究似乎都没有考虑到这些。另外，对正文长度的重要性也没有进行调查，冗长的文字会对实际的阅读造成阻碍或抑制，也就是说，会打消参与的念头。另外很重要的一方面是信息的放置，越是突出醒目的位置也就越能提高人们对其重要性的注意。最后，资料盒 4.4 中案例的研究也表明，关于毛巾、浴巾、床单以及在不同旅游季节的重复使用都有着巨大的差异，旅游淡季出现"毛巾紧张"的状况就会比旺季少很多。在这种情况下，大多数酒店提供给客人各种毛巾，比如至少一条大毛巾和一条小毛巾，而且旅客的使用和更新需求的观念是不同的。这种观念很可能与目的地之间巨大的温度差异有关：如果客人觉得自己所处的地方更热或者流更多的汗，他们就很可能使用更多的防晒霜，或者需要频繁地洗澡来降温，这就会增加毛巾的使用量，并且对频繁更换床单的观念有影响。案例研究也揭露出，遵守规范可能符合某种类型或者某种文化素质的顾客，还极有可能与酒店的标准有关，例如，五星级酒店的客人比住在民宿的客人更期望每天都更换毛巾和床单。

相反，当客人不管酒店标准，希望把毛巾留着改天再用，而酒店把毛巾换掉之后，他们的反应会很激烈。在这种情况下，酒店自身参与实施环保措施以及他们和顾客的沟通尤为重要，因为这可能产生所谓的"挤入"效应，也就是说，人们之所以支持某项策略是因为觉得他们的参与是和一个机构相匹配的，在此这个机构指酒店。这些方面为信息的设计增加了更多的复杂性。基于前面概括的成果，图 4.13 指出鼓励顾客重复使用毛巾的信息可以如何设计，这需要考虑到真实的、程序性的和有效的知识，以及在干预设计时考虑到心理因素。信息应该放置在房间的中心位置，例如，为了不被忽视，信息应该粘贴在浴室镜子的较低角落。

资料盒 4.4 毛巾和床单使用政策

规范化信息和顾客自愿支持毛巾、浴巾和床单项目等相关问题，还有很多没有解决。例如,是要提供特定的信息来满足顾客巨大的文化差异,还是应该设置默认标准来满足客人的期望? 这样的问题仍旧悬而未决。如果存在默认的标准,一家酒店可能就会有每 2 天、3 天或者 4 天更换毛巾的政策。国家与国家之间、取决于温度的各旅游季节之间都会有重大差别。另外,毛巾、浴巾和床单的更换之间也有所不同,比如,客人可能愿意更长时间地使用毛巾或者床单,这就要求弹性化管理。

　　为了解决这些问题, 2013 年 10 月及 2014 年 6 月,一项研究在希腊罗德岛展开,调查对象包括一家五星级酒店的 101 位客人(2013 年 10 月)以及对一家五星级酒店和一家四星级酒店进行组合研究中的 103 位客人(2014 年 6 月)。结果表明,房间内的毛巾、游泳时使用的毛巾、床单在不同季节的使用以及三者的使用之间都存在着显著差异。图 4.13 所示的是 2014 年 6 月的研究结果,结果表明床单似乎是最不需要更换的一项,只有 7% 的客人要求每天更换床单。另外有 29% 的客人愿意连续使用床单至少 2 天以上,有 30% 的客人愿意连续使用 3 天。愿意连续使用 4 天和一周时间的旅客分别为 14%、13%。剩下的受访者接受在 5 天或者 6 天之后更换床单。由此可见,尤其在附有如有需要,可以多换几次床单这一政策的条件下,每 3 天更换床单的制度能被大多数旅客接受。

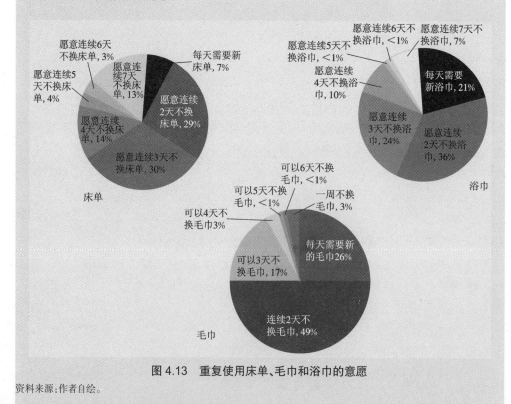

图 4.13　重复使用床单、毛巾和浴巾的意愿

资料来源:作者自绘。

　　毛巾的调查结果与床单有所不同。大约有 1/4 的受访者提到,他们希望每天都更

换新毛巾，而有接近一半的受访者希望 2 天更换一条。大多数客人要求房间内的毛巾每天换一次。这种情况在气温较低的淡季会有所不同，2013 年 10 月的调查结果显示，只有 12% 的客人希望每天更换毛巾。最后，旅客对更换浴巾的频率和更换毛巾一样，但有更多人表明，他们愿意连续使用浴巾 3 天或 4 天。与客房内毛巾的使用情况不同，浴巾管理的方式可以多样化设计。酒店经理要求使用不同的策略降低毛巾的更换频率，尤其是又重又厚的浴巾。这些策略包括：①浴巾不属于预定服务，也就是说，旅客必须付费使用浴巾；②一开始，浴巾是发放给客人的，但是只有付费才可以更换。据说，即使很少的费用也对更换频率造成很大的影响；③只在一周的特定时间段或者某天才能更换，以便缩短其他客人等待获取新毛巾的时间。根据客人的需求，以上任何措施都可以采用。

　　罗德岛的许多酒店声称，当客人希望继续使用毛巾但被换掉时，他们的反应会很激烈。由于沟通有误，经常会导致冲突，员工不确定客人是否还要继续使用他们的毛巾，或者他们是否只是忘了把要换的毛巾放在地上。显然，客人不愿意把毛巾丢在地上，这被认为是不道德的行为，因为保洁人员要弯腰去捡毛巾。在这样的情况下，根据保洁人员的自身经验，他们会把挂在支架上的毛巾换掉，这比客人希望更换毛巾但没有换掉所带来的问题要少。为了避免误解，一家酒店采用了一个简单的解决办法：在浴室里放置一个篮子，并且明确告知客人，如果他们希望更换毛巾，就把用过的毛巾放进这个篮子（见图 4.14）。

图 4.14　酒店里放需更换毛巾的篮子

注：装用过的毛巾和床单的篮子。如果客人需要更换毛巾和床单，酒店要求把用过的毛巾和床单放进篮子里，而不是扔在地上。这种做法有助于避免员工把客人本想留着再使用的毛巾换掉的误会。

　　该酒店还引进了另一项举措:如果客人想要另外更换床单,他们就要把床单拆下来放进篮子里。大多数斯堪的纳维亚的客人从来没有抱怨。显然,该酒店把其环保成果和奖励在公共场所进行了广泛的宣传。相反,在2014年6月接受采访的大多数(55%)客人表明,为了更换床单而必须自己把床单拆掉的做法是难以接受的。然而,这指的是通常的做法,即除了到固定期限时更换床单(每2天或者3天),如果客人想要另外更换床单则是需要自己拆除。相反,99%的客人说,如果他们想要更换毛巾,认为把毛巾扔进篮子里的要求是可接受的。为了优化该系统,在客人接受采访的酒店引入以下政策是明智的做法:

- 在客房里设置提醒更换床单和毛巾的信息;
- 每3天更换一次床单,若把写有"请更换床单"的标牌放在床上,则提供额外更换床单的服务;
- 室内的毛巾被扔进浴室的篮子里面时,才更换毛巾;
- 在入住时提供一条浴巾,客人有需要才更换,但是可能要限制更换的时间(例如,每天的10点至12点)。

帮助我们保护一项珍贵的资源!

水在旅游目的地是很稀缺的。因此,希望你们帮我们把洗涤量降到最低:每天重复使用毛巾可以减少15升淡水;每天重复使用床单可以另外节约20升淡水。

2013年,入住本房间的所有客人中有75%都重复使用了他们的毛巾。我们希望今年有一个同样的结果,我们已经把少洗毛巾和床单节省下来的钱捐赠给了一家慈善机构——蓝色星球。该慈善机构向缺水地区的居民提供安全用水。

友情提示:毛巾每两天更换一次,床单每三天更换一次。如果您希望更频繁地更换,请把卡片放在浴室的篮子里。

感谢您对我们环保活动的支持!

图4.15　鼓励重复使用毛巾和床单的规范性信息范例

5. 政策

　　几年前,我们遭受了非常严重的旱灾。为了保护水资源,政府给所有家庭分发了计时器。由此我们学会了只用4分钟洗澡。(澳大利亚昆士兰州布里斯班居民采访,

2014 年 2 月）

普遍认为，旅游业中资源利用的问题只能通过实施政府合理的环境治理框架来完全解决（如，Gössling et al., 2013；Higham et al., 2013；Scott et al., 2010）。有很多原因可以解释，比较重要的包括旅游业的快速发展以及与其他行业相比，该行业普遍较大的购买力（例如，农业、发展中国家的生活需求），以及旅游业的许多能源使用都在国家政策框架之外（例如，船用燃油）。由于旅游业的发展带来就业，该行业有强大的游说团体。然而，这些因素通常会阻碍旅游业重要的治理结构的实施（如，Hall, 2011a, 2013b；OECD & UNEP, 2012）。

迫切需要明确和集中的环境政策是因为旅游业越来越具有资源密集型的特点，这由酒店的更高标准所导致：配有水疗中心和多种类型的（加热）游泳池、额外的私人泳池、室内按摩浴缸、体育和健康中心，（顾客）期望每天更换毛巾和床单、大房间、奢侈的淋浴喷头、加热的马桶坐垫和浴室镜子，这些都是酒店的最新设施，增加了具体的水资源消耗。

6. 技术

使用技术不仅可以减少耗水量，还可能获得新的水资源。从供应方的角度来看，酒店可以从内陆水体资源中开采大量的地下水或者淡水，或者淡化海水，但是这些选择通常不是可持续的，并且成本巨大。地下水容易遭到过度开采，而由于地下水开采导致的地表沉陷会使滨海含水层容易盐渍化。这些过程将会因为气候变化而恶化。尽管由于不断增加的能源需求、排放物的产生以及高昂的成本等因素的影响，科技的作用可能不可持续（Black & King, 2009；Gude et al., 2010；Sadhwani & Veza, 2008），但在水资源稀缺的地方，海水淡化却被视为最好的选择（Pombo et al., 2008）。尤其当小规模的解决方案受青睐时，使用可再生能源进行海水淡化，成本甚至会更昂贵（Gude et al., 2010；Bermudez-Contreras et al., 2008；Kavanagh, 2002）。虽然这样的科技手段可能会发挥一定的作用，但通过科技来提高用水效率将是首选。

图 4.16 对一家酒店的水—能源系统进行了概述。从市政水源或酒店自己的供水系统（例如，地下水开采、雨水收集）抽取水，并且把饮用水提供给客房、厨房以及洗衣房。这些水在使用之后，其很大一部分都需要经过处理。制冷和供热需要用水，这就需要持久的能源输入，利用水泵来使水流向酒店各处需要能源，同时把废水输送回酒店所属的水文系统中也需要能源。

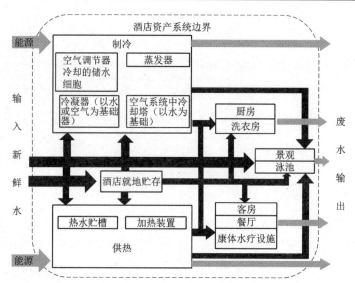

图 4.16　一家传统酒店水系统中水体流动情况概览

注:能源输入对于供热和制冷系统的重要性。额外能耗用来辅助水在系统内流动。
资料来源:作者绘制。

　　一个可持续的水—能源系统看起来会不太一样。图 4.17 对一个基于能源和水的可持续使用的系统进行了大概的描述。在这个系统里,除了矿物燃料需要运输之外,当地的能源和水循环都是封闭的,并且水由食品或者矿物燃料导入。 数据显示,能源可以用来作为电力(照明、烹饪、冷藏、电器)、加热(热水,低温季节对房间、办公室以及公共区域供暖)以及制冷(夏天的空调)。这些能源需求可以从安装在屋顶的太阳能(集热和光伏发电)获得。风能不适合就地产生,但是可以与其他企业一起投资风能发电厂。此后,酒店自身的能源就可以从风能发电场获得。绿色能源供应商可以满足额外的电力需求。以上措施能够把温室气体的排放量和用于能量生产的耗水量降到最低。如果有的话,加热需求能够从木质颗粒燃料中获得。或者还有一种方法,选取利用绿色能源的(制冷)热泵。至于制冷需求,地热制冷这一方式是较为合适的,在能源需求方面,它大大优于传统的制冷系统。如果以上措施都不可行,在制冷或加热的组合系统中可以使用沼气(来自堆肥垃圾)或者天然气。

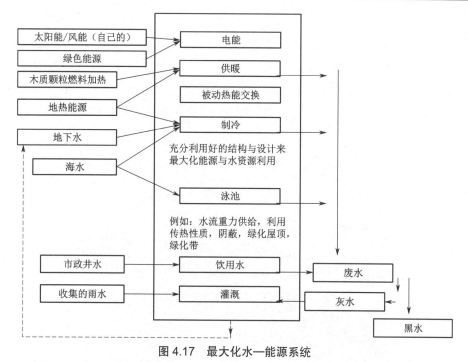

图 4.17 最大化水—能源系统

资料来源:作者绘制。

供水方面,一个最佳的系统应该区分客房和厨房用水(饮用水)、灌溉用水(灰水、雨水)以及泳池用水(海水,选择性地与井水或市政用水相结合)。这有助于减少整体的直接用水需求,同时有助于区分水的不同类型,从而只把需要处理的黑水送回水处理设备。重要的是,设备的设计也有利于补充地下水(见图 4.18)。

图 4.18 用循环利用的水源进行灌溉

注:用于灌溉的灰水系统有助于减少淡水需求,尤其是使用高效的、由定时器控制的洒水系统在黎明前灌溉。然而,健康问题需要考虑。

有助于减少耗水量的技术措施还有很多,又可划分为节能和节水措施,如图4.19、图4.20所示。减少能源消耗的技术措施已经在 Gössling(2010)中详尽地讨论过了,其中一部分还包括一般的技术创新周期,比如,目前 LED 技术取代了低能照明系统,多节约了30%的电量。在公共区域,使用增压空气的烘手器可以避免使用纸巾和亚麻毛巾,由此可以直接和间接地减少水和能源的消耗。在客人睡觉休息的夜间,关掉或者减少泳池照明。

图 4.19　利用太阳能获得热水

注:许多目的地可以通过太阳能供热系统获得热水。太阳能(光伏)发电系统常常是有益的,尤其是在可供使用的能源较少的地方。然而,尽管太阳能供热和太阳能光伏在世界很多地方都具有经济可行性,但通常都没有广泛应用,要么是因为对补贴的要求,要么是因为矿物燃料高额的税收增加了"污染性"能源的成本。

图 4.20　节水措施

注:在地域性缺水的地区,旅游业中的水管理可以通过技术手段和公共宣传进行。这张图片是于2014年6月在旧金山国际机场拍摄的,当时加利福尼亚州正处于严重的旱灾。该图不仅试图引起使用者的节水意识和回应,其感应式出水系统也有助于节水。

定期更换白色家电和其他技术产品，这对节约能源很重要，比如空调系统、热水器、热泵、循环泵、过滤技术、洗衣机、烘干器、冰箱和冰柜、炉具和烤箱、电视机、小吧台以及其他的基础设施。同样，选用小喷嘴的预冲洗喷雾阀，可以用有限的水实现高水压；食品可以蒸的时候就不要煮；洗碗槽和洗脸盆都应该安装水流控制调节器。这些措施都极其经济实惠（Cooler et al.，2007；O'Neill & Siegelbaum & The RICE Group，2002；Smith et al.，2009a）。新技术也包括游泳池的"水晶砂过滤器"，该过滤器使用粗碎玻璃，能够极大减少反冲洗次数（大约 30%）。

关于室内的直接耗水量，淋浴喷头和水龙头的起泡器和限流器，现阶段有许多型号可以选择，马桶具有双冲洗选项。如今，用水的最佳操作标准为：马桶的小量冲水可以低至 1 升，最小淋浴和水龙头耗水量分别为 6.5 升、2.5 升（Hills et al.，2002；Lazarova et al.，2003）。公共卫生间小便池的耗水量甚至更少。

7. 未来：新型水指标

纵观全书可见，旅游业的耗水量不容小视，在某些领域减少耗水量是很有希望的。因为大多数的水——包括直接用水和间接用水都被住宿业或者与住宿相关的行业消耗掉了，特别是酒店，其应该是水管理的主要机构。然而对当前管理方法的分析引出了一系列问题，对这些方式的有效性提出了质疑（Gössling，2015），也对所有的利益相关者是否愿意解决水管理的问题表示了怀疑。例如，即使 2013 年世界旅游日的关注点是水，联合国世界旅游组织关于旅游与水的背景材料（UNWTO，2013）中也并没有包含任何涉及水管理的实质性指导。关于可衡量水管理政策的水指标更成问题。对旅游组织、顾问委员会、咨询公司以及科学文献中正在使用的水指标进行了回顾，结果表明，目前使用的指标有很多，但是没有几项指标能够全面地考虑到本书阐述的水管理的复杂性。按照时间顺序，联合国世界旅游组织（UNWTO，2004）是第一个在目的地旅游业可持续发展指南上发布一系列水指标的组织。水指标关注可利用的水资源，考虑"年供应量的百分比""一年中的缺水天数"以及"新水资源的成本"。因为这些参数没有明确界限，它们与可持续水管理的关系也是模糊不清的，这些指标是否可以成功地解决水管理问题尚不明确。

旅游业中与水消耗相关的科学文献，其关注点通常是酒店的直接耗水量，以从水井中抽取的水和提供给酒店的公共水源为基点，根据房间的数量、旅游者过夜天数或者占地面积来分配用水（Bohdanowicz & Martinac，2007；Deng & Burnett，2002；Gössling，2001）。酒店耗水量的第一份全面的评估综述由博丹诺维茨和马蒂娜克（Bohdanowicz & martinal，2007）提出，他们总结了 1990 年至 2002 年期间的报告和出版物的成果，从中发现，对于水的使用，所有的报告和出版物都用每间房消耗多少

"升""旅游者过夜数"或者"平方米"来表示（当然也可参见 Stipanuk & Robson，1995，这是对美国研究成果的更早的统计）。博丹诺维茨和马蒂娜克（Bohdanowicz & Martinac，2007）在此数据的基础上建立了资料集，并提供给 73 家希尔顿酒店和 111 家斯堪迪克酒店，他们还关注包括"升 / 每年每间房和立方米 / 年"和"升 / 每个客人每晚"等淡水使用指标，同时增加了"每晚洗多少千克衣物"的指标。从那时开始，几乎所有的研究提出的"每晚的耗水量"或者同义的表达——"每位游客每天的耗水量"关键的指标（Gössling et al.，2012；见表 4.8）。但布兰卡斯等（Blancas et al.，2011）却反其道而行之，他们建议还要评估"再次利用的水量"，计算二次利用的水量。然而，这样的指标是否适用于水管理还不可知。

就旅游业可持续发展相关机构而言，欧洲委员会（EC，2013）提出了一系列指标，并且称之为可持续目的地的"欧洲旅游业指标系统（TOOLKIT）"。该系统涵盖了四项水管理指标："每客每晚淡水消耗量与大众每人每晚耗水量之比""使用低流量的淋浴喷头、水龙头和 / 或双冲马桶 / 无水小便池的旅游企业所占比例""使用循环水资源的旅游企业所占比例""目的地循环水的使用量所占比例"（见表 4.8）。这些指标都具有关联性，然而，用于阐述水资源利用的可持续性并不合适。

表 4.8　用水指标的对比：科学界和业界采用的方法协作办法

指标	参考文献 / 组织
• 每个客人每晚用水	Antakyali et al.（2008）；Bohdanowicz & Martinac（2007）；Eurostat（2009）；Gössling（2001）；Lamei（2009）；Lamei et al.（2009）；Langumier & Ricou（1995）；Rico-Amoros et al.（2009）；WWF（2004）
• 每间客房的用水量	Alexander（2002）；Cooley et al.（2007）；Deng & Burnett（2002）；O'Neill et al.（2002）；Stipanuk & Robson（1995）。
• 每间客房每年用水量 • 每个客人每晚洗衣重量（以千克为单位）	Bohdanowicz & Martinac（2007）
• 每天消耗总量 • 重复利用的水资源	Blancas et al.（2011）
• 年用量占总供水量的比重 • 每年的短缺天数 • 新水资源的成本	UNWTO（2004）
• 每客每晚淡水消耗量与大众每人每晚之比 • 使用低流量淋浴喷头、水龙头和 / 或双冲马桶 / 无水小便池的旅游企业所占比例 • 使用循环水的旅游企业的比例 • 目的地循环水的使用量所占比例	EC（2013）；Stipanuk & Robson（1995）

续表

指标	参考文献 / 组织
• 组织检查泄漏的频率如何 • 安装低 / 双冲洗厕所的百分比是多少 • 安装低流量水龙头配件的比例是多少 • 安装的低流量淋浴配件的比例是多少 • 有无现场废水处理 • 天黑后使用 / 操作喷水器的比例是多少 • 需要最少灌溉的景观的百分比是多少 • 循环水 / 灰色 / 雨水源占总用水量的百分比是多少	The EarthCheck Company Standard（2013）（另见国际旅游合作伙伴和绿色环球 21、绿色之钥、美国酒店及住宿协会、贴心管家、碳排放信息披露项目报告、联合国全球契约组织、全球报告倡议组织、旅游人生、英国绿色旅游业务计划、猫途鹰绿色引导计划、雅高、斯堪迪克酒店、Rezidor SAS、万豪、六感（Marriott, Six Senses.）

　　咨询公司已经提出了各种各样的方法。例如，地球检测认证（EarthCheck，2013）提出了一个框架，这一框架考虑低耗水技术的实施（马桶双冲水、水龙头和淋浴装置、定时洒水器）、现场废水处理、漏水检测、低耗水景观以及循环水的利用比例（如图 4.21 所示）。另外，国际旅游合作伙伴（the International Tourism Partnership）和绿色环球 21（Green Globe 21）、绿色之钥（Green Key）、美国酒店及住宿协会（American Hotel & Lodging Association）、贴心管家（Considerate Hoteliers）、碳排放信息披露项目（Carbon Disclosure Project Reporting）、联合国全球契约组织（UN Global Compact）、全球报告倡议组织（Global Reporting Initiative）、旅游人生（TravelLife）、英国绿色旅游业务计划（UK Green Tourism Business Scheme）及猫途鹰绿色引导计划（TripAdvisor's greenleaders initiative）等机构都提出了相关标准。书末附有这些资源的链接。

图 4.21　老旧和低效的输水管道绝缘材料

注：成熟旅游目的地的许多酒店很多年都不会考虑更换绝缘材料、循环泵、供暖和制冷系统以及其他的机械装置。对这些酒店来说，对新的水和能源设施进行投资就能极大获利，能源效率提高超过 50%。

另外,旅游行业自身也提出了用水指标,比如雅高集团和瑞士旅业(Kuoni)(2013)集团。雅高(2011)率先把牲畜的间接用水纳入水指标,并且对雨水和市政供水进行了有意义的区分。然而,即使井水和可再生的地下水资源利用有关联,但依旧被排除在评估之外。相比之下,瑞士旅业(2013)推出了一本全面的水管理手册,该手册侧重于直接用水,包括人均消费值、最佳实践、冷水和热水的成本差异、洗涤成本、关于流量测量的建议、毛巾的重复使用、废水处理以及对洗衣房和水管装置的成本效益分析。该手册还提议了一项"水冠军"的项目,用经济学观点来研究节水。这种根植于经济的做法为水管理创造了利益。

正如 Gössling(2015:237)所述,对旅游业中各利益相关者目前使用的管理用水的指标进行审查,其结果揭露出种种缺陷,包括:

(1)广泛使用的指标——每客每晚用水,只考虑到了直接用水,忽略了间接用水(食物、燃料)的重要性。在某些评估中,例如雅高,没有把井水包含在内,尽管地下水开采与持续性水管理确切相关(Gössling,2001)。

(2)"每客每晚的使用量(L/G)"是相对用水水平的一项指标,也可用来做基准,但从总体(绝对的)消耗量来讲,该指标并不能揭示开采水平是否具有可持续性,即与可用的可循环水资源相比较时。

(3)当用水由"每客每晚的使用量(L/G)"这一指标来衡量时,并不能达到影响水管理这一目的。只有与各分组审计相结合,极其紧张的终端用水才能被识别,保护水资源的措施才会得以实施。

(4)很大一部分的用水都以"锁定"为特征。例如,作为固定设施,泳池需要注水,需要进行不断的水源补给。考虑到隐含的和可运作的水足迹,指标应该对旅游基础设施的规划和实际运作进行区分。

(5)有证据表明,由于受到各种趋势影响,旅游业中水资源消耗不断增加。例如,对能源和水密集型活动持续的兴趣增加;更高的酒店标准,配置更大的泳池和花园;更高的质量标准,包括室内按摩浴缸;大型自助餐中周到的安排;交通中计划使用的生物燃料。这些趋势带来的问题需要在水管理中加以解决。

考虑到以上的不足,建议酒店经理明确新的水消耗和水管理指标(Gössling,2015),调整以适应可持续的水资源开采水平,提供直接和间接的终端用水量,以便对水的使用进行更好的理解、规划、监督,设定最低用水限度。水管理还需要对可利用的水资源以及可持续再生水资源的开采程度加以考虑,对水的开采不宜影响地潜水面或地下水水位。此类评估还需要考虑到人类的发展和对气候变化的预测,包括雨型的变化。出于这些考虑,可提出新型水指标(Gössling,2015;资料盒 4.6)。

对新型水指标的斟酌将有助于管理者制定全面的规划,促使直接和间接耗水量的真正减少。下一章提及的内容将有助于解决未来的挑战,包括气候变化和水危机。

资料盒 4.5　地热制冷

在气候温暖地区的酒店，空调所消耗的能源占能源消耗总量的 70% 之多，因此制冷是酒店最主要的成本开销之一。大多数酒店使用制冷机来制造冷气，甚至有些酒店使用独立的空调装置，其运行效率更加低下。最近几年，以电力或者燃气为基础的传统制冷系统的两个技术替代方案已经成熟：海水空调（见图 4.22）和地下水空调（见图 4.23）。这两个系统都属于地热制冷系统，该系统利用水源的温差来制造冷气。

冷海水可在大约 1000 米深海处获得，海水温度此处可低至 5 摄氏度。海水通过几千米长的管道输送上来，管道的长度一般取决于深海的地形和水体温度。因为陆地上也会安装很长一段距离的管道，所以这类管道由外管道和内管道两部分组成。外管道的直径大约为 60 厘米，其内部的第二根管道的直径为 40 厘米。海水是在内管道中输送，外管道隔绝外部高达 30 摄氏度的气温，并且把 12 摄氏度左右的"使用过"的水输送回海里。海水通过热交换器输送，以便把海水和淡水循环分开，如图 4.22 所示。酒店的空调房、办公室以及公共区域就可以使用低温淡水。Gössling（2010）提及在法属波利尼西亚的波拉波拉泰拉索洲际度假村投资该制冷系统的实例，该酒店有 83 间平房，在该系统中投入的 660 万成本产生了 1500 千瓦的冷气。这相当于每小时抽取了 270 立方米的海水。此投资的回报期大约为 7 年。与传统的空调系统相比，此系统预计可以减少 90% 的耗电量。

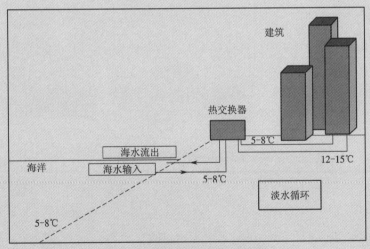

图 4.22　海水制冷体系系统略图

资料来源：基于 Gössling（2010）。

基于地下水的地热制冷系统与基于海水的制冷系统大致相同，只不过使用的是地下水，并且对于城市酒店来说，也是一种解决办法。该系统包含两口井，用一口井抽取冷水，另一口井把用过的水引回地下。冷水通过热交换器输送，热交换器会把冷气提供给酒店的冷水空调系统,如图4.23所示。地下水的理想水温应该低于14摄氏度,但是在温带气候地区,高达16摄氏度的水也可以在该系统中使用。如果外部温度在25摄氏度至30摄氏度之间,给面积为100平方米的建筑降温需要4千瓦的冷气,相当于每小时抽取15摄氏度的地下水860升。水作为冷源体使用后,会增温4摄氏度左右并被输送回井里,这会导致井水温度的长期增高。然而,水在冬天会变冷,能够在来年的春天再次使用。一个100千瓦的系统的成本约为5万—7.5万欧元,也就是说,成本大大低于海水系统,但海水系统的成本还要取决于地理位置和相关经验。地理位置偏远的洲际度假村声称自己是世界上第一家运用海水制冷的酒店,同时,其初始成本也颇高。与传统制冷系统相比,地下水制冷系统有望每年每100千瓦节约4000欧元的费用。算下来,考虑到电价,其回报期为5年至10年。

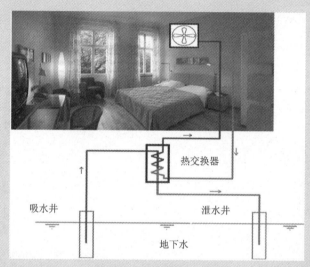

图 4.23　 地热地下水系统

资料来源:德国弗莱堡伯特伦·史佩斯(Bertram Späth),维多利亚酒店。

资料盒4.6　 大型邮轮和水的输入与输出

大型邮轮常被视为流动的酒店。邮轮在航行的时候,即使四周都是水,也面临着特殊的问题——淡水的储存、使用以及废水的处理(Johnson,2002;Loehr et al.,2006)。另外,邮轮业在不断发展,大型邮轮自身也不断增加,容纳3000—7000名旅客的邮轮屡见不鲜,实际上,邮轮是一个漂浮的小镇。要么在各港口装满大量的淡水带上船,要么通过船上的淡化装置获取淡水,但淡化装置需要持续的能源供应。一艘典型的大型邮轮在一周的航行过程中,会排放约一百万升的"黑水"(污水)(US Environmental Protection Agency,2000)。一艘载有3000名乘客的邮轮每天能产生340—960立方米灰水(The Ocean Conservancy,2002;Guilbaud et al.,2012)。

灰水是邮轮上产生最多的液流之一，通常是指来自舱室内的水槽、浴室、洗衣房和厨房的废水。这些排出的污水具有多种污染形式（可溶性、固体、可生物降解以及不可生物降解）以及不同的污染浓度，并且含有许多的污染物类型，比如细菌、固体悬浮物、金属、洗涤剂、油脂、食物残渣、头发、纱布以及医疗垃圾（Johnson，2002）。各国法律和国际法都限制灰水的排放量。《国际海事组织（IMO）公约》规定，禁止在海岸线 12 英里范围内排放未处理的黑水和灰水。因此，邮轮公司正在寻找高效过滤、回收利用以及稀释处理灰水和黑水的方法。然而，由于邮轮上可利用的空间有限，他们不可能采用在陆地上使用的一些程序。处理灰水和黑水最常见的程序为：配合生物反应器使用浸入式膜或者外膜。例如，荷美邮轮通过袋式过滤系统来处理洗衣用水和住宿用水，然后是反渗透模板和紫外线处理系统，黑水和厨房污水则用膜生物反应器来处理（EPA，2006；Guilbaud et al.，2010）。然而，该行业的发展以及外界对其环境记录的批判意味着邮轮公司需要寻找新型的技术，以此提高灰水的过滤程度，并且在水的重复利用、有效利用和安全使用方面做出更多的努力（Mouchtouri et al.，2012）。

资料盒 4.7　新型水管理指标

地区形势

指标 1：旅游旺季每客每晚的可循环水资源

该指标考虑可循环水资源的可用性情况下，评估一个集水区或区域的水资源供应系统，考虑在不同气候变化情景下区域的未来发展（额外的床位计划）。该指标侧重于可循环水资源，因为矿物燃料和脱盐水都被认为是不可持续利用的。旅游旺季也正是最干旱的季节，因此该指标是水资源在最有限的可得性时期的压力指标。该指标的计算结果决定了以下指标的基准。

住宿规划

指标 2：每床位灌溉土地面积

花园被认为是许多旅游目的地的主要耗水因素，即使众所周知，许多城市酒店没有花园。如果建有花园，其大小、设计以及植物种类的选择，都会对用水需求产生影响。"每床位灌溉土地面积"可以作为这些变量的指标，一般的规则是，灌溉面积越小，灌溉的耗水量越少。

指标 3：每床位泳池面积

泳池和花园一样，是重要的耗水因素。初始注水量、蒸发量和回流量导致泳池的大小和容量对耗水量产生影响。因此，泳池的设计与未来的水资源利用和"水锁定"密切相关，并且可以在计算每床位泳池面积基础上进行评估。如果没有泳池，该指标就不需要了。一些目的地或者酒店，海水泳池被客人所接受，甚至广受欢迎。

指标 4：每床位太阳能光热和光伏电池的安装面积

间接用水受到能源消耗量的影响。酒店以及所有形式的住宿业,在大多数的气候条件下,都可以通过太阳能光热装置和光电池所产生的电力来获得热水,由此减少间接用水需求。此外,已经探索出了不同形式的地热制冷系统(Gössling,2010)。与此同时,酒店也应该以耗能最少的方式修建。

住宿运营

指标5:每客每晚肉类和乳制品的摄入量

食品对耗水量的重要影响已经明确阐述过了,肉类和乳制品被认定为耗水量大的饮食的主要类别,例如,Hadjikakou等(2013a)在不同的饮食构成研究中发现,75%的水足迹都与肉类和乳制品相关。因此,减少这些食品的分量,对减少间接用水需求有着重要影响。

指标6:每客每晚的能量消耗

住宿中使用的能量可以由酒店自己提供(指标4),或者从可再生能源中得到。在这种情况下,该指标就没有太大意义,尽管减少能源消耗总是和提高环境绩效有关联。如果酒店每客每晚的能量消耗量大并且费用高昂,则该指标有助于确定主要的能源消耗部门,其中很有可能包括空调系统(Gössling,2010)。

指标7:安有低流量装置房间的比例

室内的耗水量主要取决于淋浴喷头的选择、双冲选项的低流量马桶以及低流量水龙头。避免安装按摩浴缸,其对水和能源的消耗量很大。目前,低流量水管设备有很多,可以根据客人的舒适感知度和当地可利用的水资源进行选择。

指标8:每客每晚的衣物洗涤量

该指标指的是进行洗涤时,水和能源的使用量。一般的规则是,洗涤的衣物越少,直接和间接的耗水量也就越少。其次,对可利用的水资源进行权衡,再设定具体的基准(指标1)。

拓展阅读

行为改变与社会营销:

1. Hall, C.M.(2013a)*Tourism and Social Marketing*. Abingdon:Routledge.

2. McKenzie-Mohr, D.(2011)*Fostering Sustainable Behavior*:*An Introduction to Communitybased Social Marketing*. Gabriola Island:New Society Publishers.

3. 也可以参考一个极为有效的网站,改变所需条件,这个网站有大量关于社会营销的材料,包括案例:http://www.toolsofchange.com/en/home/。

4. Goldstein, N.J., Cialdini, R.B. and Griskevicius, V.(2008)A room with a viewpoint: Using social norms to motivate environmental conservation in hotels. *Journal of Consumer Research* 35, 472-482.

标准:

1. Bohdanowicz, P. and Martinac, I. (2007) Determinants and benchmarking of resource consumption in hotels-case study of Hilton International and Scandic in Europe. *Energy and Buildings* 39 (1), 82-95.

2. Chan, W.W. (2009) Environmental measures for hotels' environmental management systems: ISO 14001. *International Journal of Contemporary Hospitality Management* 21 (5),542-560.

3. Gössling, S. (2010) *Carbon Management in Tourism: Mitigating the Impacts on Climate Change*. Abingdon: Routledge.

技术与提高效率的方法:

1. Chan, W.W. (2005b) Predicting and saving the consumption of electricity in sub-tropical hotels. *International Journal of Contemporary Hospitality Management* 17 (3), 228-237.

2. Lo, J.Y., Chan, W.W. and Wong, K. (2011) A comparison of cold-water thawing options in Chinese restaurants. *Cornell Hospitality Quarterly* 52 (1), 64-72.

3. Mak, B.L., Chan, W.W., Li, D., Liu, L. and Wong, K.F. (2013) Power consumption modeling and energy saving practices of hotel chillers. *International Journal of Hospitality Management* 33, 1-5.

实现可持续旅游的方法:

Hall, C.M., Gössling, S. and Scott, D. (eds) (2015) *The Routledge Handbook of Sustainable Tourism*. Abingdon: Routledge.

第 5 章 前景:水资源安全和旅游发展

如第一章所述,水资源是经济社会发展的基础资源,但过去 30 年,随着人口和经济的迅速增长,许多流域面临的问题是:水资源需求增加,实际供给却减少,水资源遭受前所未有的压力。大量的科学数据和分析表明,水务部门原有的分配方式已不再适用众多领土和流域,而水安全问题在未来数十年将愈加突出(UNESCO, 2012; UN Water, 2014; World Bank, 2012)。事实上,2030 水资源集团(2009: 4)得出了一个已令人警醒的结论:

> ……水资源无疑是我们拥有的最有限和宝贵的资源……呼吁更多人采取行动吧,至今已有大量证据表明,情况越来越糟。若任其自由发展,水务部门要想找到可持续、兼具成本效益的方案,满足受经济和人口增长影响不断激增的水需求,这样的概率微乎其微。

在水资源前景方面,多家权威进一步声称,由于不可替代性和区域性,水资源成为世界范围内最重要以及政治领域最有争议的资源问题(Cooley et al., 2012; Michel & Pandya, 2009; UN Water, 2014)。

本章论述了接下来 20 年至 40 年内,旅游和水的关系会如何变化。这将指出未来水安全最重要的预期驱动因素,推测它们如何相互作用,并产生水资源安全风险影响未来旅游业发展的重要区域。本章末会概述全球商业界发展水资源的计划——把环境可持续性话题,变为考虑战略投资、运营和财务状况绩效评估,以及未来水资源挑战的全球对话中旅游业所处的位置。

1. 未来水安全挑战的动因

由于人类能够占用的淡水资源比例越来越多(见第 1 章),全球淡水消耗量已经比 20 世纪后半叶增长了 3 倍(UN Water, 2014)。然而,新的可获取的淡水资源逐渐减少,淡水供给不足(包括数量和质量)的流域数量增多,淡水需求不断增加,到 21 世纪上半叶,世界淡水供应面临的压力越来越大(Ercin & Hoekstra, 2014; UNESCO, 2012; UN Water, 2014)。

世界水资源未来情景预演及使用的研究表明,2050 年之前,水资源挑战的动因与经济增长和发展(人口增长、经济增长和贸易格局及生活消费方式改变)、科技变化(基础设施)、治理方式(包括历史进程和人权变化)、气候变化以及和气候相关的生态系统变化息息相关(Ercin & Hoekstra, 2014; UNESCO, 2012)。21 世纪早期,淡水资源的额外压力主要来自人口和经济增长。21 世纪中叶,全球人口预计将达到 96 亿(UN, 2013),按当前的全球饮食模式推测,增加 24 亿人口,随之而来的食物需求和水需求相当大。然而,目前许多发展中国家的经济发展已经带来很高的人均用水需求(各种粮食和更多肉的消耗)。同样,一些人口稠密的发展中国家经济迅猛增长,与之相关的能源需求也持续增长,这些区域的水需求量更多,水资源利用者间的竞争也日趋激烈(上下游、经济部门、生态系统)。

人口稠密的流域越来越多,未来淡水资源利用的估值让我们警醒,供需之间的差距会越来越大。预测 2000 年到 2030 年间,全球取水量将增长 65% 到 75%(2030 Water Resources Group, 2009; Postel et al., 1996; UNESCO, 2012)。水资源的供求差距(即使假设供水效率已提高)将使近 17 亿至 18 亿的人口到 2030 年逐步面临水资压力,且这一人口数据在 2050 年时已增加到 32 亿至 39 亿之间(2030 Water Resources Group, 2009; OECD, 2012b; UNESCO, 2012)。值得关注的是,预计人口增长的严重缺水流域主要集中在巴西、印度、中国和南亚(Veloia-IFPRI, 2012; Schlosser et al., 2014),以及那些国内外旅游增长势头强劲的区域(UNWTO)。本章末将谈到区域之间对水的争夺会造成什么样的后果。

除了之前提及淡水使用的非气候因素之外,持续的人为性气候变化也是影响淡水资源获取的决定性因素。未来几十年,国家和社会将经历人为性气候变化,最直接的表现之一就是水资源变化,这也是成功适应气候变化的重要体现(IPCC, 2014a)。

IPCC(2007, 2013, 2014b)得出结论,即使目前的平均温度比工业化前升高了 0.8℃,全球水循环仍在发生变化,包括大气中的气态水越来越多,区域降水模式不断变化,极端的降水事件和季节性降雪和冰川更频繁。因此,政府间气候变化专门委员会(2007)用了十多年时间论证,认为根据历史气候数据的推断来规划水资源已不再奏效。人为性气候变化愈加严重,21 世纪水循环模式将加速变化(IPCC, 2013),区域水资源更加稀缺和紧张,表现出各种形式。

首先,由于降水和潜在蒸发是控制淡水资源的主要气候因子,人为性气候变化将会影响年均和季节性淡水供给的可靠性。某些区域的年降水量极少,因而空间差异很大,尽管如此,全球变暖后世界平均降水量将会增加。一般而言,湿润区域会更湿润,干燥区域则会变得更干燥(IPCC, 2013),所以各个区域之间可利用淡水资源的差异将更大。温度升高导致湖泊与水库的蒸发加剧。在人为性气候变化的影响下,世界各地的季节性降水年际变化、极端降水强度和频率都会发生改变。降水的变化和极端降水(强降水事件和极端干旱期)已经扰乱了水资源的时序性和可靠性。

其次,人为性气候变化对许多区域的水资源的质量影响特别大,即使采用传统的治理方式也会对饮用水构成风险(IPCC,2014a)。日趋增多的强降雨和地表径流事件导致水体表面的营养物和污染物增加。同时,综合水温为藻类和其他微生物的繁殖创造了有利的条件,这些都需要更多措施治理。与旱情有关的低流量状况会减少污染物的稀释,降低水质以及增加水源性传播疾病的可能性。世界旅游基础设施和活动集中的沿海地区和岛屿,面临着关乎淡水资源风险的额外的气候变化。近来,一些研究表明,21世纪全球海平面预计将上升多达一米(Rahmstorf,2010),在许多沿海旅游地,地下淡水层盐碱化,沿海重要湿地被淹没,将大量减少当地可获取的淡水资源。因此,当地居民将被称为"盐碱化难民"。

最后,平均温度升高和干旱期增长都会增加一系列用户的淡水需求,包括水利、工业、能源相关型改冷及生态系统(例如最低水位或流量需求)。

人为性气候变化对区域水资源的综合性影响并不均衡,表5.1总结了一些世界主要旅游区域在年度径流量、干旱和洪灾上预计受气候诱发的影响。到21世纪中叶,人口经济增长及气候变化引发的不断增大的水资源压力不仅将在几个成熟的旅游区域,如地中海流域(欧洲和非洲海岸)、加勒比地区、澳大利亚,也存在于那些被认为能在21世纪30年代及之后引领全球旅游的地区,如东北亚和东南亚、北非和中非,以及中东。如Scott等(2012b)指出,21世纪中叶,整个地中海区域旅游产业面临的最突出的气候变化挑战很可能是用水紧缺,而非气温升高(换言之,太热不适合旅游)。若没有巨额资金投入可再生能源驱动的海水淡化技术,缺水压力将成为北非海岸旅游进一步发展的一大障碍。21世纪的最后几十年里,气候影响对径流量和干旱发生率的改变在关键的旅游地区将尤为明显,如地中海盆地(径流量减少32%,干旱发生率增加33%)、中美洲(径流量减少28%,干旱发生率增加30%)、东南亚(径流量减少8%,干旱发生率增加5%)以及澳大利亚(见表5.1)。尤其是一些地区将显著增长的国际旅游作为未来经济发展策略与缓解贫困的关键性战略,包括一些东南亚国家、非洲国家和许多小岛发展中国家。

表5.1　主要旅游地区的未来用水压力

区域	年度国际游客数量的增长(2010—2030)(%)[b]	21世纪50年代用水压力水平(占可循环水资源的比例百分比)[c]	经济发展和气候变化导致的用水压力指数变化[d]	2071—2100年[a]年度径流量变化(%)[e]	干旱环境年度发生天数的变化(%)[f]	30年一遇的洪水事件年度频率变化(%)[g]
地中海区域				-32	+33	-54
• 欧洲	2.3	中等(20—40)	50到75			

区域	年度国际游客数量的增长（2010—2030）（%）[b]	21世纪50年代用水压力水平（占可循环水资源的比例百分比）[c]	经济发展和气候变化导致的用水压力指数变化[d]	2071—2100年[a]年度径流量变化（%）[e]	干旱环境年度发生天数的变化（%）[f]	30年一遇的洪水事件年度频率变化（%）[g]
• 北非	4.6	高（>50）	50到75			
北欧	1.8	低（<20-40）	-10到-50	-7	+13	-65
东北亚	4.9	高（>50）	-25到+25	+11	+12	+70
东南亚	5.1	低（<20）	10到75	-8	+5	+77
北美西部	1.7	高（>50）	0到-25	-2	+12	-52
北美东部	1.7	中等（20-30）	-25到+100	+1	+16	-46
中美洲	5.2	低（<20）	25到50	-28	+30	-53
• 加勒比	2.0	中等（30-40）	50到100			
澳大利亚北部	2.4	低（<20）	25到100	-12	+16	+45
澳大利亚南部	2.4	低（<20-30）	75到100	-29	+20	+45
中东/撒哈拉				+16	+14	+47
中东	4.6	高（>50）	150到300			
北非	4.6	高（>50）	100到300			

注释:[a]1981—2010年的气候以及2071—2100年的气候在高排放量（代表浓度路径8.5）情况下的变化。

资料来源:[b]UNWTO（2014）;[c]Veloia-IFPRI（2012）;[d]Schlosser et al.（2014）—BAU emissions scenario;[e]Davie et al.（2013）;[f]Prudhomme et al.（2013）;[g]Dankers et al.（2013）[e,f,g]Richardson 和 Lewis（2014）

　　气候变化严峻的情况下,解决水资源紧缺问题的成本相当巨大。帕里等（Parry 等,2009a）就水资源的供给提出观点,从全球来看,预计未来气候变化导致的水资源成本每年将额外增加90亿—110亿美元。仅西班牙一国每年额外水需求就有11亿立方米,成本约计为38亿欧元（Downward & Taylor,2007）。在澳大利亚,2001—2015年,国家项目花费了47.5亿美元,包括污水净化厂供应循环水、管道以及给予社会的干旱援助款项。

　　第五届政府间气候变化委员会评价会（IPCC,2013,2014b）上有一项非常重要的发现,在气温大变动的情况下,气候变化对水资源的影响会大幅增加。预计在21世纪中叶,全球平均气温比前工业化时期上涨不到2℃,人口经济增长的变化对水资源可利用性的影响比气候变化带来的影响更大。例如,施洛塞次等（Schlosser et al.,2014）最近的一项研究发现,到2050年,仅仅经济增长和人口变化,就会导致额外18亿人生活在至少中度缺水的地区。综合考虑气候变化的影响,预计到2050年,另外有10亿—13亿人生活在水体条件过度开发的区域(换言之,潜在水需求总和将持续超过表层水供应的地方)。然而,当全球变暖超过前工业时期 2℃时,社会经济因素相关的气候变化会更加明显。例如,谢尔韦等(Schewe et al.,2014)预计,当全球平均气温(比起 20 世纪 90 年代)上升 1℃,大约全球 8% 的人口将面临水资源严重缩减(径流量减少超过 20% 或高于当前年度径流量标准);上升 2℃时,人口比例会增长到 14%;上升 3℃时,会达到 17%。同样,波特曼等(Portman et al., 2013)预计,在温室气体低排放的情况下,全球 24% 的人口将遭受可再生地下水资源缩减(减幅比 20 世纪 80 年代超过 10%),但在高排放的情况下,数量会增加到 38%。不幸的是,国际上为减少温室气体排放达成的共识和行动并未明显减缓或扭转全球的排放量,加上缺乏有效的近期减排行动,21 世纪全球变暖可能会达到或超过 4℃ (高于前工业时期温度)(IEA, 2012; IPCC, 2013; Word Bank, 2012)。

旅游业:未来用水预测(至 2050 年)

前面的讨论已指出,一些高级专家委员表明,世界淡水资源在 21 世纪前半叶面临的缺水压力将会不断增加,而在很多水安全隐患日益增加的区域,旅游业面临获取淡水资源的竞争。全球和区域水资源配置压力日益增长,在此背景下,了解旅游行业的水足迹在同时期如何变化非常重要。这种趋势是否暗示了旅游业已成为更有效率的水用户?旅游业是否有能力将旅游和国际旅游人数增长与水资源利用解耦?旅游业能否制定出缺水区域的"水资源弹性"经济发展战略?

如图 5.1 所示,旅游业总用水量的增长和全球旅游系统的增长一致,尽管预期用水效率会改善,但它在相对项和绝对项上依然同时持续增长。这是全球游客数增长、饮食结构向更高阶食物转变、平均旅行距离更长等转变导致的结果,都造成石油燃料的消耗量增加。最终,预计水量在接下来 40 年内会加倍,在一切照常的情况下,耗水量预计从 2010 年的 138 立方千米增长到 2050 年的 265 立方千米(Gössling & Peeters, 2014)。

值得注意的是,这些是建立在相关用水强度上,自下而上分析要素的结果;Cazcarro 等(2014)所说的投入产出的分析可能会得出明显更高的数据。旅游行业用水的大部分增长与直接用水有关,包括特定的食物和燃料(详见第 3 章)。即使未来用水效率应该会更高,整体消耗量的绝对值和相对值仍将同时大幅增加。需要注意的是,这些全球旅游行业的未来用水情景并不能反映旅游地域集中度或用水份额,因为在早已面临缺水压力的区域,无法获取这部分水资源。

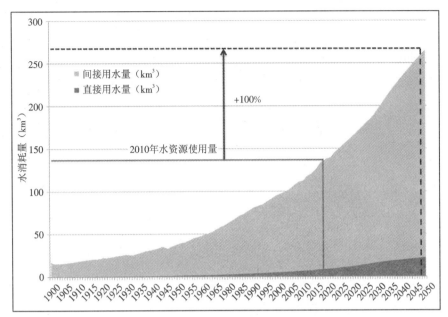

图 5.1　过去和未来全球旅游用水的增长

资料来源:改编自 Gössling 和 Peeters(2014)。

资料盒5.1　气候变化、水和五大湖旅游

　　联合国政府间气候变化委员会(IPCC)声称,全球气候系统变暖是毫无疑问的(全球地表均温在 1880—2012 年间上升 0.85℃),且自 20 世纪中叶以来,变暖的主导因素是人类影响(IPCC, 2013)。重点是, IPCC(2013)也强调了人为因素导致的全球气候变化才刚刚开始,是否继续变暖很大程度上取决于未来温室气体的排放。回顾国际上温室气体减排的承诺,可以得出如下结论,即国际社会为防止危险的气候变化,决定将全球变暖温度控制在 2℃ 之内(与前工业时期温度相比),实现这一政策的可能性日渐渺茫,从当前轨迹推测, 21 世纪末变暖甚至可能超过 4℃ (Peter et al., 2013)。世界银行(2012: xiii)已发出警告:“由于众多风险的分布不均,全球升温 4℃ 地球很可能会造成社会、城市和国家经历严重瓦解、破坏和错位”,并导致许多发展中国家过去几十年的发展成果岌岌可危。由于人类已能科学理解人为性气候变化的潜在规模和对生态系统的深远影响,经济和社会已在 21 世纪前 10 年得到了发展,越来越多的高层政府和商业决策者将气候变化视为 21 世纪人类面临的最突出挑战之一。

　　旅游业被视为一个对气候高度敏感的行业。已有人详细研究过旅游业对气候变化的影响因素,包括气候政策(Gössling et al., 2013; Scott et al., 2012a、2012b),水资源的时空分布变化预计会成为旅游业最直接、最迫切和最广泛的影响之一。本章已经概述了气候变化将如何与其他动因相互影响,从而加剧诸水域水体安全挑战。存在

于特定区域的给旅游带来的影响形式是多样的,且最为重要的是它不只局限于水资源短缺的地区。这个案例分析以世界上最大的淡水资源供应地之一——北美的五大湖流域为例,研究某些气候变化对水资源的影响。

由于气候变化,气温升高,自然降雪量减少,五大湖流域的滑雪胜地更难维持目前经营季节的时长和稳定性。Scott 等(2003)以目前的人工造雪能力,预计到 21 世纪 50 年代,平均滑雪季节将比目前的 123 天减少 7% 到 32%,要维持这些短暂的雪季,其人工造雪需求将比目前水平(超过可滑雪场地 56 厘米)增加 60%—240%,21 世纪 80 年代全球气温更高,届时增加量将超过 3 倍(310% 到 400% 的增长)。近来对加拿大安大略省用水监控的项目显示,在一个气温和降雪量接近 1981 年到 2010 年常态的冬季,17 个立方米滑雪区域消耗了 160 万立方米水用于人工造雪(大约平均每英亩雪场耗水 1300 立方米)。然而,在最近的记录中,暖冬(2011—2012 年)将是 21 世纪 50 年代最常见的情况,人工造雪的用水将翻倍,增至多达 330 万立方米或大约每英亩雪场 2700 立方米。作为适应方案的人工造雪,其可持续性已受到多方的质疑(Scott et al., 2012b),这样一个相对较小的滑雪旅游市场,为适应气候变化采取的主要策略是大量使用人工造雪,其消耗的水量导致水成本增加。

不同于五大湖流域滑雪旅游季的减少,高尔夫旅游业的季节时长和气候条件都渐入佳境。在安大略南部,春夏秋三季气温暖和,21 世纪 20 年代,每年高尔夫球季节时长预计将增加 7 周,到 21 世纪 50 年代将最多增加 12 周(Scott & Jones, 2007)。在不断延长且更暖的经营季节,蒸发量增大,预测此区域夏日降雨量减少,球场灌溉需求将增大。一项安大略省高尔夫球场用水的研究发现,在正常的气候季节(1981—2010 年),全省 848 个 18 洞同等规模球场的草坪灌溉需要用水 505 亿立方米(Peister & Scott, 2014)。在比往常变暖 1.2℃ 和变干 29% 的季节里,用水量将增加 58%,达到 800 亿立方米,这说明高尔夫行业受气候变化的用水将会大量增加。至关重要的是,假设高尔夫球场的土壤种类、建设时间和管理方式相同,对比其用水效率,结果表明,如果高尔夫球场在每一项上都采用技术和灌溉措施,将效率提高到与排名前 80% 的球场一样(还不是第 1 位的),用水量就可能减少 35%。

五大湖预计产值 40 亿美元的旅游产业包括划船、帆船以及垂钓等休闲运动。(US Army Corps of Engineers, 2008)。1998—2012 年,五大湖的水位已经降至历史平均水位之下。此外,在 2013 年初,密歇根湖和休伦湖已经低至 1918 年配合监督起的最低水平。这些低水位已经严重影响到码头、船工、一些沿海旅馆和湿地产卵区域(见图 5.2),气候变化影响五大湖水位,预计会进一步降低(Pryor et al., 2014)。一项 2008 年休伦湖码头运营商的研究记录了低水位的影响,并发现如果水位再减少 45—60 厘米(气候变化之下一些未来水位情景的分析),将会导致当前运营的 40% 码头关闭(Dawson & Scott, 2010)。这对要关闭码头的社区旅游业会造成重大影响,同时也会给新建的或扩张码头的社区带来好处。

图 5.2　低水位对休伦湖沿岸旅游基础设施的影响

除了水位降低，五大湖的热力条件也会被气候变化所改变。近期伊利湖大规模藻类暴发跟水温升高及极端暴雨对农田过度冲刷带来的大量磷有关。水温升高对于冷水鱼的栖息地很不利，美国环境保护署（1995）预计，五大湖流域冷水鱼栖息地减少了 50%—100%。五大湖区域委员会（2014）做了关于气候变化导致低水位环境的报告，休闲划船和钓鱼是受影响最大的经济产业之一，2010 年到 2030 年期间，其损失会达到 66 亿美元，在 2050 年会超过 128 亿美元。

如以上例子所示，由于当代气候变化，水资源可用量及质的改变已经影响到五大湖流域的旅游系统。若气候的变化如预计般巨大，它对私人和政府投资以及旅游运营商决策的影响在今后几十年内将只增不减。

2. 作为企业战略因素的水安全

国际社会和商界正将越来越多共同的注意力放在水安全这一战略经济问题上（Ceres，2009；Ernst & Young，2012；JPMorgan，2008；Lyoyd's，2010；同时参考第 1 章关于水体安全不同观念的讨论）。水信息披露项目（Water Disclosure Project）做的一项企业调查（2013）显示，全球 500 强的绝大部分（70%）企业将水视为重大商业风险，超过半数人（53%）表示，过去 5 年他们的公司都经历了与水相关的不利影响，64% 表示他们预计在 5 年内会有进一步的用水风险。

公司报告中与水相关的风险相关性公司报告分为 4 个主要类型（2030 Water Resources Group，2009；Veres，2009；Ernst & Young，2012）：

①运营风险包括水资源短缺（干旱、滥用和缺乏基础设施容量导致的稀缺）、低质量（未经处理的、污染的、热力不匹配的）、过量（洪灾泛滥）或高成本用水，影响所有行业的商业经营。第 2 章和第 3 章已探讨过旅游业大范围的经营风险。

②管理风险由一系列管理结构或变化引起。在缺水地区立法用水限制（定量配给）对商业而言是一种常规现象。例如，在美国某些州，旅游业经营者被禁止在干旱、水库低水位及低径流量时，灌溉高尔夫球场或使用人工造雪。其他风险包括用水者之间相互竞争用水的优先权。在一些行政辖区，历史性水域／政府的政策规定给特定的水用户和经济部门优先供水。确定不同部门优先分配用水日趋重要，因为缺水流域越来越多，政府和国际社会得决定如何更好地管理并应对水资源短缺的问题。如同第 3 章指出的，旅游业通常缺乏系统水资源监测信息，从而无法就经济生产和用水效率进行对比分析。在经济领域中，像水资源管理制度或认证体系这类自主规范框架会危及还未评估或披露自身用水状况的公司。必须在缺水流域增加用水监督和报告的要求，这也是一些高级专家组推荐的全流域水体管理策略的一部分（2030 Water Resources Group，2009；UNESCO，2012；World Bank，2013）。

③金融风险日益增大，因为金融服务部门越来越意识到水资源的风险，也需要企业披露水体风险。一些大型投资机构（例如那些支持 2013 年水体披露项目，管理资产超过 92 亿万美元的机构）以及其他金融服务公司（银行、保险公司）将用水风险和管理策略视为投资或信用风险评估的一部分（Ceres，2009；JPMorgan，2008；Lloyd's，2010）。美国证券和交易委员会（2010）已得出结论：水资源可用量和水质的变化会影响公司的业绩，并发布了新的披露指南，要求上市公司披露其面临的与气候相关的水资源风险和机遇。世界上其他股票市场上公众交易的公司同样也很可能会被要求水资源披露。

④信誉风险可能源于公司经营或使用不当导致水资源退化（如湿地等水源污染和破坏）。这些对公司或部门的公众形象产生负面影响，从而对顾客或投资者的决策产生不利影响。此外，尤其当强大的跨国公司占用当地社会和传统生计的水资源获取渠道，受到极大谴责，此时用水者之间的矛盾会形成不稳定的商业环境，或者危及当地经营的社会许可，甚至对公司或品牌造成更严重的不利影响。信誉风险是在旅游地社区的旅游公司要考虑的重要因素，因为旅游业与当地人竞争用水，并且它的高人均用水量（第 2 章）已经遭到许多组织的强烈批评（Tourism Concern，2012）。联合国人权委员会在 2010 年声称，在一些发展中国家景点，旅游是对水权和卫生权的侵犯。旅游业关怀组织（Tourism Concern，2012）已经要求英国政府提供英国旅游公司的用水管理或经营指南，不论那些公司在海外哪个国家开展业务。由于社会媒体和消费者评审平台力量的增加，一旦感知到不公平或者不可持续用水方式并记录下来，

也将导致信誉风险增大。

　　更重要的是,水风险认知的地域规模从地方忧虑变成对贸易、长期经济发展甚至地缘政治风险的区域性影响。过多或过少水资源的直接影响往往是当地性的,众所周知的例子,如俄罗斯(2010)和加利福尼亚(2014)的干旱以及泰国(2011)的洪水,已经揭示了日益全球化的经济和饮食系统上的国际连锁反应。水资源短缺已逐步成为一个全球经济系统的风险因素。在过去的 3 年里,世界经济论坛(WEF,2014)同领先的国际决策者的全球风险调查已将水安全列为未来 10 年前五大全球经济风险之一。

3. 旅游在水资源未来规划中的地位

　　全球社会在未来几十年中将如何应对复杂又不断发展的全球水挑战? 这对旅游业又会产生什么影响? 过去 20 年,大量的全球多利益相关者的水资源论坛成立,包括全球水伙伴(2014)、世界可持续发展工商理事会之水工作队(2014)、世界银行的水伙伴战略行动计划(WBCSD,2014)、世界水理事会(2014)以及世界经济论坛的全球水议程理事会(WEF,2014),已经达成了共识——目前对迫在眉睫又不断变化的水挑战没有简单的解决方案。每一个著名的专家组以及联合国水机制的倡议,都已提议进行重大的、战略性的、可持续的投资以改善水资源信息基础(同时在供求双方)和水管理的基础设施,以及备受关注的水治理改革。每一个都已明确表示,成功的水管理将需要公众和私人水利益相关者及组织——规模从地方到国际的多元化网络之间更广泛的合作。

　　这些专家论坛之间达成的与旅游部门尤为相关的共识是:水是经济增长和可持续发展不可或缺的关键性的跨部门资源,以及在缺水流域,水的优化方案会涉及跨部门的平衡。2030 水资源集团(2009:v)强调,在许多水紧张流域需要不同部门之间的权衡和政策选择,结论就是"利益相关者之间需要的对话是关于国家经济和社会优先权,为了满足这些优先权需要什么类型的水,以及哪些困难的挑战值得解决以输送或节省这部分水资源"。不能成功地做到这些就意味着缺水会阻碍经济发展。水资源短缺、竞争和成本会因此完全成为这些区域长期旅游发展的影响因素。

　　旅游业会在水用户优先次序中排在哪里? 旅游在区域和地方的地位会如何变化? 其对未来旅游发展有何启示? 这些问题很大一部分在旅游部门都没有被问到。旅游业面临的境况,也是所有经济部门将面临的,照搬以往的用水方式不是或即将不是最佳选择,以及旅游业需要做好准备,更好地应对增长的水竞争。如上文所示,旅游部门根据相对水资源利用效率和社会经济效益,为水资源配置提供案例,然而依据准备不够充分。处理此部分缺失的信息应是旅游学者和从业者的当务之急,尤其要考虑到本书中涉及的水发展经济学概念及前面提及的全球专家论坛得出的结论。

提高旅游业在区域和跨界水资源计划以及涉及引导和资助水利部门转型项目的国际谈判中的地位，需要齐心协力。虽然联合国世界旅游组织是联合国水资源组织倡议中的一员，但旅游业在以上被提及的多方利益相关者论坛中显得极不引人注目。例如，2030 水资源集团（2009）、联合国世界水资源评估方案（UNESCO，2012）和世界水伙伴战略行动计划（World Bank，2013）的报告根本未提及旅游业。旅游业也没有出现在世界银行领导的水伙伴计划中。当水被视为 21 世纪更具战略性、在某些区域比石油更昂贵的资源（UN Water，2014），大多未来水资源国际对话中仍未见到与旅游相关的风险，也没有制定商业措施以适应不断演化的风险。

通过如联合国世界旅游组织和世界旅游及旅行理事会这类国际组织和如亚太旅游协会（PATA）之类的重要区域组织，如果能在行业用水对话中发出有影响力的声音，旅游业一定会在变化的全球和区域水资源前景的对话中扮演更重要的角色，这对实现大规模国内外旅游增长极其重要。在不久的将来，可持续旅游的创新性领导地位和视野至关重要。政府、产业和学者强强联手，改善旅游用水现状的信息化基础，通过实践记录最大的节水量，作为旅游和水安全宣言的一部分，这会成为 2015 年国际 10 年水行动（"生命之水"）接近尾声时最主要的贡献。

拓展阅读

水资源未来（包括与气候变化相关的）资料：

1. Ercin, A. and Hoekstra, A. (2014) Water footprint scenarios for 2050: A global analysis. *Environment International* 64, 71-82.

2. IPCC (Intergovernmental Panel on Climate Change) (2013) Summary for policymakers. In *Climate Change* 2013: *The Physical Science Basis. Contribution of Working Group I to the Fifth Assessment Report of the Intergovernmental Panel on Climate Change.* www.ipcc. ch/report/ar5/wg1/#.Upyi_aUrTHg.

3. IPCC (Intergovernmental Panel on Climate Change) (2014a) Chapter 3 – Freshwater systems. In *Climate Change* 2014: *Impacts, Adaptation and Vulnerability. Contribution of Working Group 2 to the Fifth Assessment Report of the Intergovernmental Panel on Climate Change.* http: //ipcc-wg2.gov/AR5/images/uploads/WGIIAR5-Chap3_FGDall. pdf.

4. IPCC (Intergovernmental Panel on Climate Change) (2014b) Summary for policymakers.In *Climate Change* 2014: *Impacts, Adaptation and Vulnerability. Contribution of Working Group 2 to the Fifth Assessment Report of the Intergovernmental Panel on Climate Change.*See http: //ipcc-wg2.gov/AR5/images/uploads/WG2AR5_SPM_FINAL.pdf.

5. OECD (Organization for Economic Cooperation and Development)(2012b) *Environmental Outlook to 2050*: *Key Findings on Water*. Paris: OECD. www.oecd.org/env/indicators-modelling-outlooks/49844953.pdf.

6. Schewe, J., Heinke, J., Gerten, D., et al.(2014) Multimodel assessment of water scarcity under climate change. *Proceedings of the National Academy of Sciences* 111 (9), 3245-3250.

7. Schlosser, C.A., Strzepek, K., Xiang, G., et al.(2014) *The Future of Global Water Stress*: *An Integrated Assessment*. Cambridge, MA: Joint Program on the Science and Policy of Global Change, Massachusetts Institute of Technology.

8. Water Disclosure Project(2013) *Moving Beyond Business as Usual*: *A Need for a Step Change in Water Risk Management. Carbon Disclosure Project*. Global Water Report 2013. London: Carbon Disclosure Project. https: //www.cdp.net/CDPResults/CDPGlobal-Water-Report-2013.pdf.

9. World Bank (2012) *Turn Down the Heat*: *Why a 4° C Warmer World Must Be Avoided*. Washington, DC: World Bank. www.worldbank.org/en/news/feature/2012/11/18/Climate-change-report-warns-dramatically-warmer-world-this-century.

旅游与气候变化:

1. Dawson, J. and Scott, D.(2010) Climate change and tourism in the Great Lakes region: A summary of risks and opportunities. *Tourism in Marine Environments* 6(2-3), 119-132.

2. Gössling, S., Scott, D. and Hall, C.M.(2013) Challenges of tourism in a low-carbon economy. *Wiley Interdisciplinary Reviews – Climate Change* 4(6), 525-538.

3. Peister, C. and Scott, D.(2014) *Water Use in Ontario's Golf Industry*. Waterloo: Interdisciplinary Centre on Climate Change.

4. Scott, D. and Jones, B.(2007) A regional comparison of the implications of climate change of the golf industry in Canada. *Canadian Geographer* 51(2), 219-232.

5. Scott, D., McBoyle, G. and Mills, B.(2003) Climate change and the skiing industry in southern Ontario(Canada): Exploring the importance of snowmaking as a technical adaptation. *Climate Research* 23, 171-181.

6. Scott, D., Gössling, S. and Hall, C.M.(2012a) International tourism and climate change. *Wiley Interdisciplinary Reviews – Climate Change* 3(3), 213-232.

7. Scott, D., Gössling, S. and Hall, C.M.(2012b) *Climate Change and Tourism*: *Impacts, Adaptation and Mitigation*. Abingdon: Routledge.